Elke Gulden · Bettina Scheer



# Schaukelmaus & Kuschelkater

Lieder, Verse und kleine Spiele zum Fühlen und Berühren, Tasten, Schaukeln, Massieren und Schmusen für die Kleinsten

Illustrationen von Jutta Knipping

Ökotopia Verlag, Münster

# Impressum


**Autorinnen** Elke Gulden
Bettina Scheer

**Lektorin** Barbro Garenfeld

**Illustrationen** Jutta Knipping

**Satz** Hain Team, Bad Zwischenahn

**Notensatz** Ja.Ro. Music, Hünstetten

**ISBN** 978-3-86702-168-5

1. Auflage

# Inhalt

# Vorwort

Schaukelmaus & Kuschelkater" ist ein Buch für ErzieherInnen und Eltern – und nicht zuletzt für Kinder in den ersten beiden Lebensjahren. Es lädt zu vielen unterschiedlichen Aktivitäten rund um die Erkundung des Tast- und Fühlsinns ein und gibt damit Erfahrungsanregungen für die Kleinen wie auch die Großen. Schließlich hält das taktile Wahrnehmungssystem gleich zwei Superlative bereit: Mit seiner Gesamtfläche ist der Tast- und Fühlsinn zum einen das größte unserer Wahrnehmungssysteme, zum anderen ist er auch der Sinn, der sich als erstes ausbildet. Das taktile Wahrnehmungssystem besteht aus derselben Gewebsschicht wie das Nervensystem und ist so empfindlich, dass ein Embryo bereits in der 6. Woche auf Berührungen an Lippen und Nase reagiert.

Schon vor seiner Geburt macht der Embryo taktile Erfahrungen. So wird er beispielsweise ständig von Fruchtwasser umspült und mit zunehmender Größe stößt er mit ebenfalls zunehmendem Druck an die Gebärmutterwand. Viele der mannigfachen Rezeptoren, die für unterschiedliches Empfinden zuständig sind, beginnen bereits im Mutterleib, sich und damit das gesamte taktile System auszubilden. Somit ist der Tast- und Fühlsinn direkt nach der Geburt auch der bis dahin am besten ausgebildete Sinn. Es verwundert daher nicht, dass die nächsten weiteren Erfahrungs- und Entwicklungsschritte von ihm initiiert werden.

Bereits Aristoteles nannte ihn „den Sinn aller Sinne", für Bischof George Berkley galt er Anfang des 18. Jahrhunderts schlechthin als „Fundamentalsinn" und auch der Schweizer Entwicklungspsychologe Jean Piaget sprach ihm eine federführende Bedeutung der gesamten sensorischen Entwicklung zu. Vielfache wissenschaftliche Experimente der letzten 100 Jahre haben bewiesen, dass Berührungen der Haut für den Menschen lebensnotwendig sind. Es ist kein Geheimnis, dass der Mensch ohne Körperkontakt verkümmert. Dabei ist das Bedürfnis nach Fühlen und Spüren in der frühkindlichen Phase am allergrößten. Es ist jedoch nicht nur angenehm und tut gut, wenn dieses Bedürfnis erfüllt wird. Vielmehr entwickeln sich aus diesem Erleben auch weitere wichtige Kompetenzen und Funktionen.

Über taktile Erfahrungen lernen Kinder sowohl ihren eigenen Körper, als auch den Zusammenhang zwischen ihrem Körper und der Umwelt kennen. Mit der Wahrnehmung des eigenen Körpers entwickelt sich auf der einen Seite kognitives Wissen über den Körper als solchen, aber auch eine genaue Selbstvorstellung des eigenen Ich. Positive körperliche Erfahrungen führen zu einem bejahenden Selbstbild, das sich zu Selbstvertrauen und Selbstbewusstsein weiterentwickelt. Das Verstehen und das Fühlen des eigenen Ich ist auch Grundvoraussetzung, um andere Menschen zu verstehen, in der Lage zu sein, sich in andere hineinzuversetzen und vor allem auch, um mit ihnen mitfühlen zu können. Taktile Erfahrungen sind dementsprechend unabdingbar, um im Leben soziale und emotionale Beziehungen aufzubauen.

Die Wahrnehmung des Körpers als Grenze des Ich zur Umwelt bildet die Voraussetzung zur Orientierung im Raum. Ein Kind muss zunächst lernen, sich selbst zu den räumlichen Gegebenheiten in Verbindung zu setzen. Es fragt sich z. B., wo befinde ich mich, wo befindet sich ein Objekt, in welche Richtung muss ich mich drehen oder wohin muss ich greifen, um ein gewünschtes Objekt zu erhaschen. Die Orientierung im dreidimensionalen Raum bildet die später dringend benötigte Grundlage zum Lesen und Schreiben auf Papier und zum Orientieren in den Zahlenräumen. Darüber hinaus lässt das Erfühlen der Umwelt wichtige Rückschlüsse auf Form, Größe, Beschaffenheit und Temperatur zu. Es entwickelt sich die Fähigkeit, Gegenstände zu erkennen und räumliche Situationen werden für den kleinen Menschen einschätzbar.

Kinder sollten so oft wie möglich die Gelegenheit erhalten, taktile Erfahrungen zu sammeln. „Schaukelmaus & Kuschelkater" bietet eine Sammlung von Versen, Liedern und Spielideen, die zum Fühlen und Berühren, Tasten, Schaukeln, Massieren und Schmusen einladen. Darüber hinaus enthält das Buch auch Inhalte, die nicht nur die physische Seite des Fühlens fördern, sondern Atmosphären erfühlen lassen wie Zweisamkeit, Vertrautheit, Geborgenheit, Ruhe und Stille.

Alle Ideen in diesem Buch verstehen sich als Anregungen, die von jedem einzelnen nach eigenem Empfinden verändert werden können. Berührungen sind immer etwas sehr Persönliches und basieren auf körperlicher Nähe. Dabei ist wichtig, dass sich alle jederzeit wohlfühlen. Kleine Kinder geben sehr deutlich zu verstehen, wenn sie gerade kein Bedürfnis nach Nähe verspüren oder ihnen etwas nicht gefällt. Wir müssen diese Wünsche der Kinder jederzeit respektieren. Niemals sollte es dazu kommen, dass eine solche Situation als unangenehm empfunden wird. Selbstverständlich gilt dies auch im Umkehrschluss: Da sich das Buch an Eltern und ErzieherInnen wendet, kann es durchaus sein, dass eine beschriebene Spielidee für die eine oder andere LeserIn einmal als „zu nah" oder situativ als „unpassend" empfunden wird. Auch hier möchten wir noch einmal darauf hinweisen, die Beschreibungen als Anregung zu verstehen und zu verwenden.

Herzlichst
Ihre

# Hopp, hopp, hopp, im Galopp

## Fröhliche Kniereiter und Schaukelspiele

Kinder lieben es, auf dem Schoß zu sitzen und dabei die Wärme und Nähe des anderen zu spüren. Besonders gerne mögen sie dabei auch eine Schaukel- oder Reitbewegung des Körpers bzw. der Beine. Dies ist eine ideale Ausgangssituation für Kniereiterspiele. Sanfte oder stärkere Schwingung und mit Spannung erwartete Fallbewegungen, wie sie die meisten Kniereiter beinhalten, lassen die Kleinen vor Freude juchzen. Ganz nebenbei fördern diese Spiele die Sprachentwicklung sowie die Ausbildung des Gleichgewichtssinns.

Da sich durch die körperliche Nähe die Bewegung des Erwachsenen eins zu eins auf den Körper des Kindes überträgt, spüren die Kinder während der Kniereiter sehr intensiv das Pulsieren der Herzen. Bereits im Mutterleib wurde das Kind von den regelmäßigen Herzschlägen der Mutter begleitet und hat miterlebt, dass sie mal schneller und mal langsamer sind. Werden die Reit- und Schaukelbewegungen nun im Grundschlag des Liedes oder Verses ausgeführt, so hat dies zunächst eine beruhigende Wirkung auf die Kleinen. Zum anderen aber macht das Kind in Verbindung mit dem Sprachrhythmus erste musikalische Basiserfahrungen, die für den späteren Spracherwerb von Bedeutung sind. Kinder sollten daher möglichst viele Gelegenheiten erhalten, den Grundschlag zu fühlen, etwa durch zartes Klopfen oder Tippen eines Liedpulses auf Beinen, Rücken oder anderen Körperteilen. Natürlich erfahren die Kinder diesen auch später durch eigene Klanggesten wie Patschen oder Klatschen und bei der Umsetzung in Bewegung wie Stampfen, Springen etc. Kniereiter bieten die Möglichkeit, den Grundschlag schon früh und dabei gleichzeitig mit dem gesamten Körper aufzunehmen.

Weder für die Ausbildung des Gleichgewichtssinns, noch für die Aufnahme des Grundschlags spielt die Sitzposition des Kindes eine Rolle. Für die soziale Bindung ist es allerdings schöner, wenn Kind und Bezugsperson einander ansehen. Wenn sich beide in die Augen schauen, ist das gemeinsame Spielerlebnis noch größer. Erst in der zweiten Hälfte des zweiten Lebensjahres, wenn das Kind beginnt, sich mehr und mehr für seine Umwelt zu interessieren, gewinnt der Blick in den Raum an Bedeutung.

Die Haltung des Kindes hängt maßgeblich von der motorischen Entwicklung ab. Müssen anfangs noch Rücken und Köpfchen gehalten werden, sollten beide Arme der Bezugsperson Kopf und Rücken des Babys senkrecht stützen. Kann das Kind seinen Kopf alleine sicher halten, reicht die Unterstützung einer Hand. Sobald es alleine sitzen kann, genügt es, wenn Sie das Kind an beiden Händen halten.

## Busfahrt

Text & Melodie: Elke Gulden & Bettina Scheer

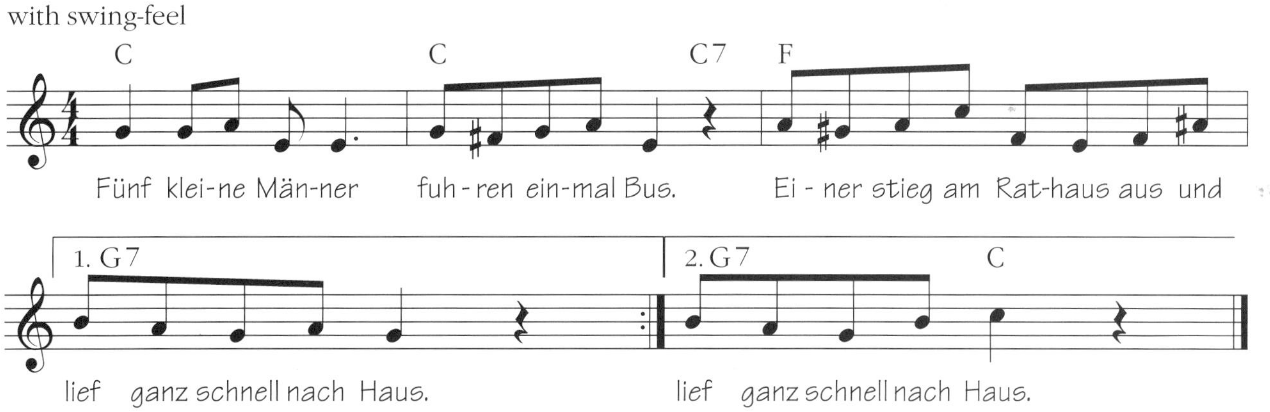

1. Fünf kleine Männer fuhren einmal Bus.
Einer stieg am Rathaus aus
und lief ganz schnell nach Haus.

2. Vier kleine Männer fuhren einmal Bus.
Einer stieg beim Bäcker aus
und lief ganz schnell nach Haus.

3. Drei kleine Männer fuhren einmal Bus.
Einer stieg am Bahnhof aus
und lief ganz schnell nach Haus.

4. Zwei kleine Männer fuhren einmal Bus.
Einer stieg am Schulhof aus
und lief ganz schnell nach Haus.

5. Ein kleiner Mann fuhr ganz allein im Bus.
Er hielt vor seinem eignen Haus
und dort stieg er dann aus.

### Spielanregung

Setzen Sie das Kind auf Ihren Schoß.
Bewegen Sie die Beine im Grundschlag auf und ab.
Am Ende jeder zweiten Zeile öffnen Sie die Beine ein wenig, so dass das Kind nach unten sackt.
Vorsicht: Gut auffangen!

## Mit meinem roten Bobbycar Nr. 18

| | |
|---|---|
| Mit meinem roten Bobbycar<br>fahr ich ganz einfach wunderbar. | die Beine im Grundschlag auf und ab bewegen |
| Flitz um Kurven und um Ecken,<br>so kann ich die Welt entdecken. | dabei den Körper nach rechts und links neigen |
| Fahr die Berge hoch und runter,<br>halt die Beine fit und munter. | die Beine langsam nach oben heben und schnell wieder absenken |
| Doch liegt etwas im Weg herum,<br>so fallen wir womöglich um. | umfallen |

## Cowboy Joe

Text: © Elke Gulden & Bettina Scheer
Melodie: © Stephen Janetzko

1. Cowboy Joe ist heut' wieder unterwegs, – unterwegs –,
grüßt die Leute aus dem Sattel: „Ho, wie geht's?" …
Reitet hierhin, reitet dorthin,
reitet bis zum Staat Wisconsin,
Cowboy Joe ist heut' wieder unterwegs.

2. Cowboy Joe ist heut' wieder unterwegs, …
grüßt die Leute aus dem Sattel: „Ho, wie geht's?" …
Kaum ist er dort angekommen
und die Leute habn's vernommen,
ist er schon als Sheriff unterwegs.

3. Sheriff Joe ist heut' wieder unterwegs, …
grüßt die Leute aus dem Sattel: „Ho, wie geht's?" …
Schützt die Reichen und die Armen,
zeigt bei Dieben kein Erbarmen,
Sheriff Joe ist heut' wieder unterwegs.

4. Sheriff Joe ist heut' wieder unterwegs, …
grüßt die Leute aus dem Sattel: „Ho, wie geht's?" …
Findet bald die hübsche Kitty,
feiert Hochzeit yippieh, yippieh –
und schon bald ist Joe Junior unterwegs.

### Spielanregung

Lassen Sie das Kind im Grundschlag auf Ihren Knien reiten.

## Tschu, tschu, tschu, die Eisenbahn

Setzen Sie sich im Langsitz auf den Boden. Das Kind sitzt Ihnen zugewandt auf Ihren Beinen.

| | |
|---|---|
| Tschu, tschu, tschu,<br>die Eisenbahn fährt los,<br>tschu, tschu, tschu,<br>das finden wir grandios. | die Hände des Kindes fassen und die Arme vorwärts und rückwärts bewegen, die Beine dabei im Grundschlag auf und ab bewegen, am Ende die Knie ganz nach oben ziehen, |
| Tschu, tschu, tschu,<br>jetzt bleiben wir kurz stehn,<br>tschu, tschu, tschu,<br>jetzt soll es weiter gehn. | kurz warten,<br>dann die Beine schnell absenken und weiter im Grundschlag reiten |

## Wir schaukeln hin, wir schaukeln her

Setzen Sie sich im Langsitz auf den Boden. Das Kind sitzt Ihnen zugewandt auf Ihren Beinen.

| | |
|---|---|
| Wir schaukeln hin, wir schaukeln her<br>auf dem ruhigen weiten Meer. | ruhig hin und her schaukeln |
| Doch plötzlich kommt 'ne große Welle,<br>trägt uns heimwärts auf die Schnelle. | Beine anwinkeln<br>nach hinten abrollen und gleichzeitig das Kind hochheben |

### Variante

- Legen Sie das Kind mit dem Bauch auf einen Ball und halten Sie es von vorne unter den Schultern.
- Während der ersten beiden Zeilen rollen Sie das Kind sanft mit dem Ball ein wenig nach vorne und nach hinten.
- In Zeile 3 fällt die Rollbewegung größer aus.

## Unser schneller Flitzer

Setzen Sie sich im Langsitz auf den Boden. Das Kind sitzt Ihnen zugewandt auf Ihren Beinen.

| | |
|---|---|
| Wir fahr'n bergauf, wir fahr'n bergab, | die Knie einmal heben und einmal senken |
| denn unser Flitzer macht nie schlapp. | die Knie heben und senken |
| Wir düsen, flitzen, geben Gas, | kleine schnelle Auf- und Abbewegungen der Beine |
| auch schnelles Fahren macht uns Spaß. | |
| Wir fahren Kurven, bitte sehr, | den Körper nach rechts oder links neigen |
| im Rückwärtsgang, das ist nicht schwer. | das Kind auf den Rücken legen |

### Variante

Der Vers kann auch schön im Raum ausgeführt werden:

| | |
|---|---|
| 1. Zeile: | das Kind langsam über den eigenen Kopf heben, dann schnell nach unten gleiten lassen |
| 2. Zeile: | Bewegung wiederholen |
| 3. + 4. Zeile: | durch den Raum flitzen |
| 5. Zeile: | 180°-Kurven gehen und das Kind diese Kehrtwendungen bewusst spüren lassen |
| 6. Zeile: | rückwärts laufen |

## Der Weihnachtsmann auf Schlittenfahrt

Setzen Sie sich im Langsitz auf den Boden. Das Kind sitzt Ihnen zugewandt auf Ihren Beinen.

| | |
|---|---|
| Mit riesengroßen Schritten | Beine im Wechsel langsam auf und ab bewegen |
| stapft der Weihnachtsmann zum Schlitten. | Beine langsam aufstellen |
| Er türmt die Päckchen auf zuhauf, | |
| zu guter Letzt setzt er sich drauf. | Beine schnell absenken |
| Mit voller Fahrt fährt er nun los | und sehr schnell parallel auf und ab bewegen |
| zu allen Menschen, klein und groß. | das Kind etwas fester halten, weil die Fahrt so schnell ist |
| Denn er hat heut' nur wenig Zeit, | |
| sein Weg ist schließlich ziemlich weit. | das Kind mal nach links, mal nach rechts bewegen |
| Die Päckchen muss er all' verteilen, | |
| kann darum nirgendwo verweilen. | Bewegungen verlangsamen |
| Heut' Nacht kommt er erst spät nach Haus | mit dem Kind nach hinten fallen |
| und macht dann gleich die Lichter aus. | laut schnarchen |

## Wer reitet mit mir durch den Wald? Nr. 26

Text & Melodie: Elke Gulden & Bettina Scheer

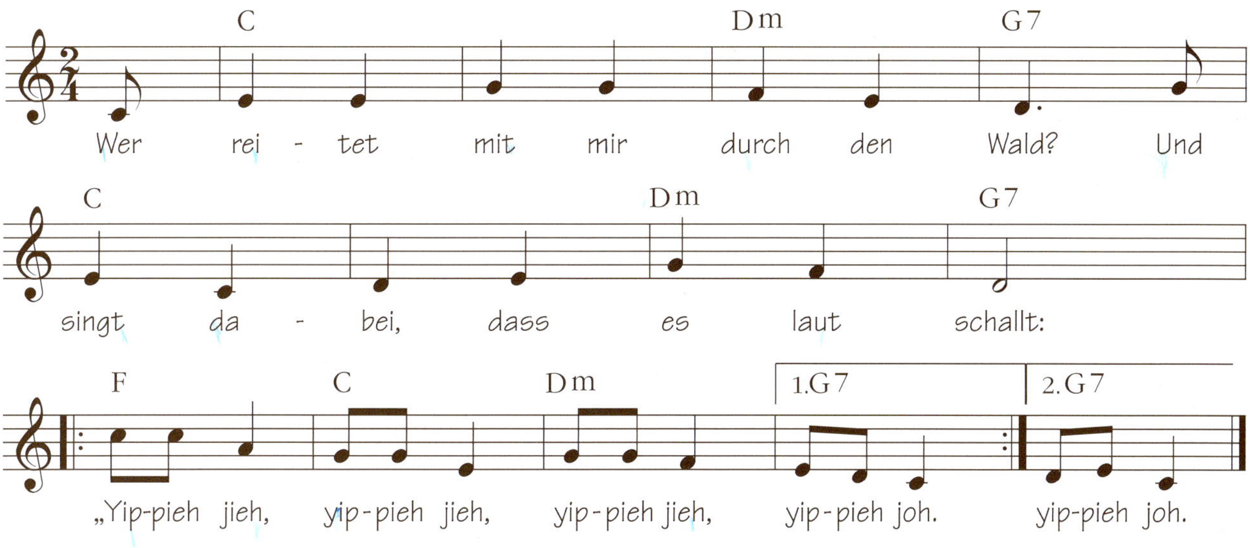


1. Wer reitet mit mir durch den Wald?
Und singt dabei, dass es laut schallt:
„Yippieh jieh, yippieh jieh, yippieh jieh, yippieh joh.“ (2 ×)

2. „Paul“ reitet mit mir durch den Wald.
Und singt dabei, dass es laut schallt:
„Yippieh jieh, yippieh jieh, yippieh jieh, yippieh joh.“ (2 ×)

### Spielanregung

Lassen Sie das Kind auf Ihren Knien reiten. Setzen Sie in der 2. Strophe den Namen des Kindes ein.

## In Seenot Nr. 21

**Material:** 1 Klangschale

Sturm herrscht heute auf dem Meer,
Boote wirft es hin und her.
Rau und wild tost der Orkan,
da kentert auch so mancher Kahn.
An Land ertönen Seenotglocken,
die Rettung macht sich auf die Socken.
Sie sammelt alle Fischer ein,
fährt sicher in den Hafen rein.

mit dem Kind auf dem Schoß hin und her
schaukeln
über das Köpfchen pusten
zur Seite umfallen
Klangschale von innen mehrfach anschlagen
sich mit dem Kind wieder aufsetzen
und etwas ruhiger hin und her schaukeln

## Mein Pferdchen galoppiert, hurra!

Text & Melodie: überliefert

Mein Pferdchen galoppiert, hurra.
Es geht schnell wie der Wind.
Wer reitet um die Wette mit?
Wer reitet so geschwind?
Hopp, hopp, hurra,
hopp, hopp, hurra,
wer reitet um die Wette mit?
Hopp, hopp, hurra,
hopp, hopp, hurra,
wer reitet so geschwind?

### Spielanregung

Lassen Sie das Kind auf Ihren Knien reiten.

### Variante

Das Kind nimmt seinen Teddybär auf den Schoß und lässt diesen selbst auf seinen Beinchen reiten.

## Das kleine Pony

Setzen Sie sich auf einen Stuhl und das Kind Ihnen zugewandt auf Ihre Oberschenkel.

| | |
|---|---|
| Schon seit vielen Stunden<br>dreht das Pony seine Runden. | die Beine langsam auf und ab bewegen |
| Läuft rechts herum, läuft links herum,<br>doch plötzlich wird es ihm zu dumm. | beide Beine zunächst nach rechts, dann nach links bewegen |
| Im schnellen Tempo und Galopp | schnellere Beinbewegungen |
| springt das Pferd mit einem Hopp<br>über einen großen Stein | das Kind 1 × so hoch wie möglich in die Luft heben |
| und denkt erstaunt: „Wow! Das war fein!“ | das Kind mit großen Augen anstrahlen |

## Variante als Fingerspiel

| | |
|---|---|
| Schon seit vielen Stunden<br>dreht das Pony seine Runden. | mit dem rechten Zeigefinger Kreise auf der linken Handinnenfläche drehen |
| Läuft rechts herum, läuft links herum, | Richtungswechsel |
| doch plötzlich wird es ihm zu dumm. | plötzlich innehalten |
| Im schnellen Tempo und Galopp<br>springt das Pferd mit einem Hopp | schneller kreisen und den Zeigefinger über den kleinen Finger in die Luft führen |
| über einen großen Stein<br>und denkt erstaunt: „Wow! Das war fein!“ | auf der Daumenkuppe landen und über den Daumen zur Handinnenfläche streichen |

## Pferdchen, lauf!

Setzen Sie sich auf einen Stuhl und das Kind Ihnen zugewandt auf Ihre Oberschenkel.

| | |
|---|---|
| Pferdchen, lauf! Pferdchen, lauf!<br>Zieh die Kutsch' den Berg hinauf. | die Beine im Grundschlag auf und ab bewegen |
| Bleib dann oben etwas stehn, | mit der Bewegung innehalten |
| ich will in die Ferne sehn. | in den Raum schauen |
| Pferdchen, trab! Pferdchen, trab!<br>Lauf den Berg jetzt schnell hinab. | die Beine im doppelten Grundschlag auf und ab bewegen |
| Jetzt lauf in den Stall hinein, | sich auf die Seite legen |
| du wirst sicher müde sein. | die Augen schließen |

## Das Schnupperhäschen

Text & Melodie: überliefert

1. Ich bin ein kleines Häschen
mit einem Schnuppernäschen,
ich streck die Ohren in die Höh'
und hüpfe durch den Klee.
Kleiner Has', Schnuppernas',
hüpft durchs grüne Gras.

2. Ich bin ein kleines Häschen
mit einem Schnuppernäschen.
Und wenn ich nicht mehr hüpfen will,
dann steh ich einfach still.
Kleiner Has', Schnuppernas',
hüpft durchs grüne Gras.

### Spielanregung

- Setzen Sie sich auf einen Stuhl und das Kind Ihnen zugewandt auf Ihre Oberschenkel.
- Bewegen Sie die Beine im Grundschlag auf und ab.
- Halten Sie bei „still" plötzlich inne.
- Nach einer kurzen Spannungspause bewegen Sie die Beine wieder.

## Erntezeit Nr. 7

Text & Melodie: Elke Gulden & Bettina Scheer

Setzen Sie das Kind Ihnen zugewandt auf Ihre Oberschenkel.

| | |
|---|---|
| Wir gehen heute in den Garten,<br>wollen Äpfel ernten.<br>Sie hängen reif am Apfelbaum,<br>wir brauchen nicht mehr warten: | die Beine parallel im Grundschlag auf und ab bewegen |
| Wir rütteln und schütteln an jedem Ast,<br>rüttel di schüttel di dum. | die Beine sehr schnell im Wechsel bewegen |
| Dann sammeln wir die Äpfel ein,<br>ich trag die Zentnerlast. | die Beine gleichzeitig öffnen und das Kind mit geradem Oberkörper leicht nach unten sacken lassen |
| Wir rütteln und schütteln an jedem Ast,<br>rüttel di schüttel di dum. | die Beine wieder sehr schnell im Wechsel bewegen |
| Dann sammeln wir die Äpfel ein,<br>ich trag die Zentnerlast. | die Beine gleichzeitig öffnen und das Kind mit geradem Oberkörper leicht nach unten sacken lassen |
| Der große Sack ist viel zu schwer,<br>das kann ja niemand tragen. | mit der Bewegung innehalten |
| Was machen wir? Ich weiß, ich hab's:<br>„'Ne Schubkarre muss her!" | die Beine im halben Grundschlag bewegen |
| Wir rütteln und schütteln die Äpfel um,<br>rüttel di schüttel di dum. | die Beine sehr schnell im Wechsel bewegen |
| So mancher Apfel wird genascht,<br>das nimmt auch niemand krumm. | die Hand des Kindes anprusten (oder kitzeln) |

# Ich reite um die Welt

Text & Melodie: Elke Gulden & Bettina Scheer

| | |
|---|---|
| Ich reite, ich reite, ich reite um die Welt.<br>Ich reite, ich reite, worauf es mir gefällt. | im Grundschlag die Beine auf- und ab bewegen |
| Langsam stampft der Elefant<br>mit mir durch das Steppenland. | Beine im halben Grundschlag parallel bewegen |
| Schneller geht's auf dem Kamel,<br>„Trab trab trab", ist mein Befehl. | Beine im Grundschlag abwechselnd bewegen |
| Doch schnell und völlig unbeschwert<br>reitet sich's auf meinem Pferd. | Beine im doppelten Grundschlag parallel bewegen |
| Hey Yippieh jieh, Yippieh jieh, Yippieh, Yippieh jieh.<br>Hey Yippieh jieh, Yippieh jieh, Yippieh, Yippieh jieh. | einen Arm in die Luft strecken und pantomimisch ein Lasso in der Luft drehen* |

* diese Bewegung bitte nur ausführen, wenn das Kind nicht mehr mit beiden Händen gehalten werden muss.

## Paul, der Frosch Nr. 25

| | |
|---|---|
| Paul, der kleine grüne Frosch,<br>saß träumend auf dem Deich. | das Kind auf den Knien sanft schaukeln |
| Da flog ein kleiner Spatz vorbei,<br>war auf dem Weg zum Teich. | die Beine leicht anheben und wieder absetzen |
| Gleich dachte Paul: „Das will ich auch!",<br>nahm Anlauf und flog … auf den Bauch. | das Kind festhalten, sanft auf den Bauch drehen und behutsam fallen lassen |

## Auf dem Pferderücken

Text & Melodie: Elke Gulden & Bettina Scheer

| | |
|---|---|
| Hopp, hopp, hopp, hopp, hopp, | im Langsitz auf dem Boden sitzen |
| ich reit' im Schnellgalopp. | das Kind reitet im schnellen Tempo auf den Beinen |
| Sitze auf dem Pferderücken, | |
| juchze laut auf vor Entzücken. | kleiner Jauchzer |
| Hopp, hopp, hopp, hopp, hopp, | |
| ich reit' im Schnellgalopp. | |
| Doch plötzlich geht's bergab | |
| und mein Pferdchen wirft mich ab. | sich mit dem Kind zur Seite rollen lassen |

### Variante

Sie sitzen auf einem Stuhl, während das Kind auf Ihren Oberschenkeln sitzt. Am Ende des Liedes öffnen Sie einfach ein wenig die Beine, so dass das Kind leicht hinuntersackt.
Vorsicht: Das Kind beim Fallen unter den Schultern festhalten!

## Auf dem Pezziball

Text & Melodie: Elke Gulden & Bettina Scheer

**Material:** 1 Pezziball

| | |
|---|---|
| Ich hüpfe, ich hüpfe, ich hüpfe ganz salopp, | das Kind auf den Ball setzen, unter den Schultern fassen und auf und ab bewegen |
| doch plötzlich höre ich ein ziemlich lautes: „Stopp!“ – Psssssst! | abrupt stoppen, Zeigefinger an den Mund legen und das Kind wieder auf und ab bewegen |
| Ich schaukel, ich schaukel, ich schaukel ganz salopp, | das Kind hin und her schaukeln |
| doch plötzlich höre ich ein ziemlich lautes: „Stopp!“ – Psssssst! | abrupt stoppen, Zeigefinger an den Mund und weiter schaukeln |
| Ich kreise, ich kreise, ich kreise ganz salopp, | das Kind auf dem Ball kreisen lassen |
| doch plötzlich höre ich ein ziemlich lautes: „Stopp!“ – Psssssst! | abrupt stoppen, Zeigefinger an den Mund und weiter kreisen lassen |

### Variante

Setzen Sie das Spiel als Kniereiter um.

# Auf Entdeckungstour

## Fühlen, Spüren, Tasten: ein großes Abenteuer

Das taktile Wahrnehmungssystem reagiert auf Berührung, Druck, Vibration, Schmerz und Temperatur. Für die Aufnahme dieser Empfindungen sind völlig verschiedene Sinneszellen oder Tasthaare zuständig. Dabei sind selbst gleiche Rezeptoren sehr unterschiedlich auf, in oder unter der Haut verteilt. So sitzen beispielsweise eine Vielzahl der auf Berührung reagierenden Sinneszellen eng verteilt an den Fingerkuppen, auf den Lippen und der Zungenspitze. An den Oberarmen und am Rücken hingegen liegen diese Zellen sehr weit auseinander. Nur über eine Vielzahl an taktilen Erfahrungen ist es möglich, ein differenziertes Körpergefühl ausbilden zu können.

Die Lieder und Verse in diesem Kapitel möchten einerseits dazu anregen, den eigenen Körper durch Berührung aktiv zu spüren, andererseits auch bewusst unterschiedliche Materialien zu fühlen und wahrzunehmen. Babys lieben kleine Streicheleinheiten. Daher ist es schön, ab und zu einfach nur einmal mit den Fingern am nackten Ärmchen des Kindes entlang zu fahren. Ganz ohne Worte. Die meisten Kinder genießen den fließenden Kontakt und werden ganz ruhig. Oftmals vermitteln sie dabei das Gefühl, sie würden den Rest der Welt um sich herum ausblenden. Das intensive Spüren steht einzig und allein im Mittelpunkt.
Neben dieser wichtigen Selbsterfahrung gibt es angeregte Berührungen, die von Texten begleitet werden. Für das Kind steht dabei das Spiel im Vordergrund, das ihm Freude bereitet und die Zeit vertreibt, während es gleichzeitig – vom Kind unbemerkt – seine Entwicklung fördert. Die Kinder lernen ihren Körper kennen und entwickeln langsam, aber stetig ein eigenes Körperbewusstsein. Gliedmaßen und Körperteile werden aktiv gespürt und als „zu mir gehörend" erkannt.

Darüber hinaus ist der Tastsinn maßgebend mitverantwortlich für die Weiterleitung von Informationen über Größe, Form, Gewicht und Oberflächenstruktur bzw. Konsistenz. Aus diesem Grund brauchen Kinder schon früh möglichst viele Erfahrungen in der Auseinandersetzung mit unterschiedlichen Materialien. Wir haben in diesem Buch auf ausführliche Beschreibungen verzichtet und geben Ihnen einige Anregungen über kleine „reminder", die Sie jederzeit bei der Beschäftigung mit dem Kind einsetzen können, sei es als aktives Spiel, Einstimmung bzw. Ausklang eines Liedes oder Verses, zur Entspannung oder Beruhigung ...

### Wir wippen

***Das Kind stellt sich mit dem Rücken an den Rücken des sitzenden Erwachsenen. Beide bewegen ihre Oberkörper gegengleich nach vorne und hinten.***

## Deinen Hals, den streichel ich

| | |
|---|---|
| Deinen Hals, den streichel ich,<br>deine Wangen reibe ich. | zärtlich über den Hals streichen<br>über die Wangen streichen |
| Auf die Nase tupfe ich,<br>auf die Augen zeige ich. | mit dem Zeigefinger auf die Nase tupfen<br>an die Schläfen tippen |
| Auf die Stirn, da klopfe ich,<br>an den Ohren zupfe ich. | zart auf die Stirn klopfen<br>an den Ohrläppchen ziehen |
| Der Mund bedankt sich ganz zum Schluss<br>bei der Hand mit einem Kuss. | Kusshand nach rechts und links werfen |

**Das wabbelt!**

**Einen großen Bettbezug mit halb aufgeblasenen Luftballons füllen und das Kind darauf legen.**

## Dein Gesicht

| | |
|---|---|
| Dein Gesicht ist kugelrund,<br>hat Nase, Augen und 'nen Mund. | die Gesichtsumrandung nachfahren<br>auf Nase, Augen und Mund zeigen |
| Ein Ohr wohnt hier und eines da,<br>und auf dem Kopf wächst jetzt dein Haar. | nacheinander auf beide Ohren zeigen<br>abschließend durchs Haar wuseln |

## Ein kleiner süßer Fuß

Text & Melodie: Elke Gulden & Bettina Scheer

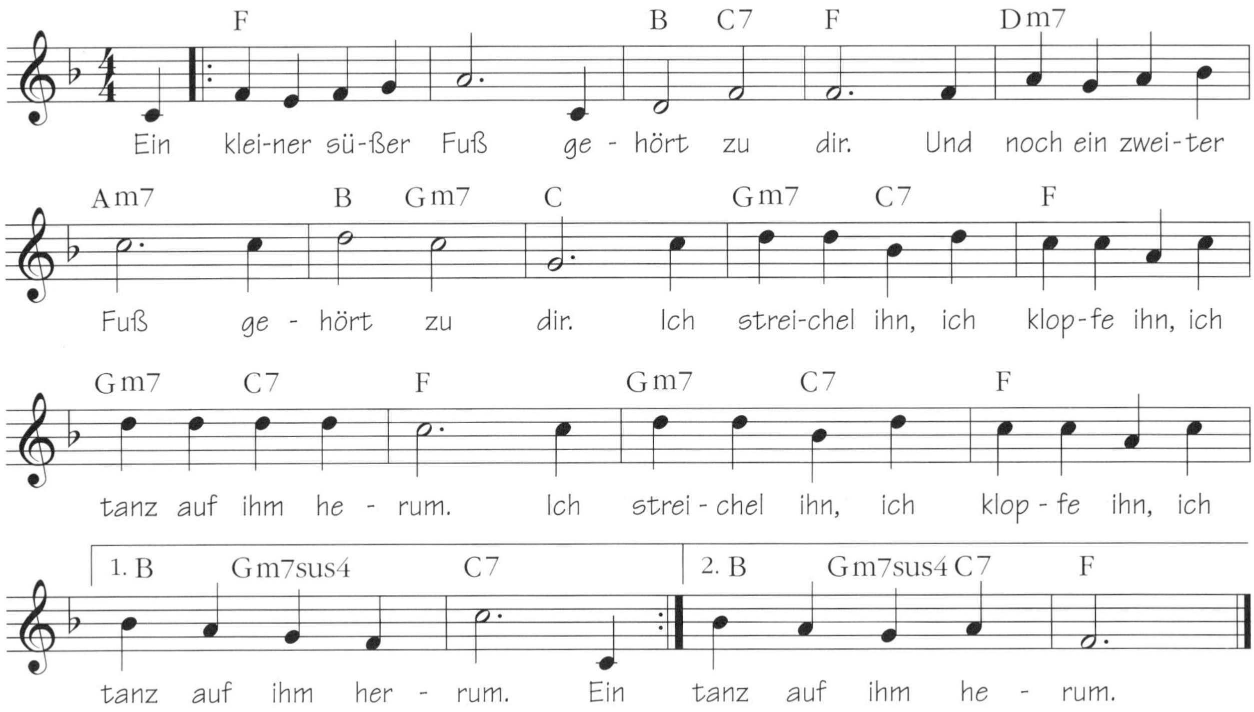


| | |
|---|---|
| 1. Ein kleiner süßer Fuß gehört zu dir. | den rechten Fuß des Kindes in die Hand nehmen und von allen Seiten betrachten |
| Und noch ein zweiter Fuß gehört zu dir. | den linken Fuß in die Hand nehmen und erstaunt betrachten |
| Ich streichel ihn, ich klopfe ihn, ich tanz auf ihm herum. | die rechte Fußsohle streicheln, sie leicht klopfen, die Finger auf ihr tippeln lassen |
| Ich streichel ihn, ich klopfe ihn, ich tanz auf ihm herum. | die linke Fußsohle streicheln, sie leicht klopfen, die Finger auf ihr tippeln lassen |
| 2. Eine kleine süße Hand gehört zu dir. … | wie oben, nur mit den Händen |
| 3. Eine kleine Kniekehle gehört zu dir. … | wie oben, nur mit den Kniekehlen |
| 4. Eine kleine Ellenbeuge gehört zu dir. … | wie oben, nur mit den Ellenbeugen |

**Hinweis**

Die Liedstrophen lassen sich beliebig mit anderen Körperteilen erweitern, z. B. eine kleine Pobacke, eine kleine Achselhöhle etc.

### Weich und rau

*Im Wechsel mit der weichen und rauen Seite eines neuen Spülschwamms sanft über den Arm des Kindes fahren.*

## Hallihallo Nr. 3

Text: Elke Gulden & Bettina Scheer | Melodie: Ralf Kiwit

| | |
|---|---|
| 1. Hallihallo den Füßen,<br>ich möchte euch begrüßen. | beide Füße nacheinander antippen |
| Drum kitzel ich, drum kitzel ich,<br>drum kitzel ich euch wach.<br>Drum kitzel ich, drum kitzel ich,<br>drum kitzel ich euch wach. | an den Füßen kitzeln |
| 2. Hallihallo den Armen,<br>ich möchte euch umarmen. | beide Arme nacheinander antippen |
| Drum streichel ich, drum streichel ich,<br>drum streichel ich euch wach. (2 ×) | die Arme entlang von oben nach unten streicheln |
| 3. Hallihallo den Beinen,<br>aufwachen!, will ich meinen. | beide Beine nacheinander antippen |
| Drum pieckse ich, drum pieckse ich,<br>drum pieckse ich euch wach. (2 ×) | die Beine sanft mit den Zeigefingern anstupsen |
| 4. Hallihallo dem Rücken,<br>du kannst mich auch entzücken. | den Rücken antippen |
| Drum klopfe ich, drum klopfe ich,<br>drum klopfe ich dich wach. (2 ×) | den Rücken sanft mit den Fingerknöcheln abklopfen |
| 5. Hallihallo den Haaren,<br>ich möchte durch euch fahren. | die Haare antippen<br>dem Kind durch die Haare fahren |
| Drum wuschel ich, drum wuschel ich,<br>drum wuschel ich euch wach. (2 ×) | |
| 6. Hallihallo dem Bauch,<br>für dich gilt das wohl auch. | den Bauch antippen |
| Drum kitzel ich, drum kitzel ich,<br>drum kitzel ich dich wach. (2 ×) | das Kind am Bauch kitzeln |

## Eine Feder tanzt auf dir

**Material:** 1 weiche Feder, 1 Wattebausch, 1 Igelball o. Ä.

> **Gewichte spüren**
> Verschiedenen schwer gefüllte Sandsäckchen auf den Handrücken oder die Handfläche des Kindes legen.

| | |
|---|---|
| 1. Eine Feder tanzt auf dir –<br>1 und 2 und 3 und 4. | mit einer Feder über die Haut des Kindes fahren |
| Sanft und leicht fühlt sie sich an.<br>Wie schön, dass ich sie fühlen kann! | die Feder in die Hand des Kindes legen |
| 2. Ein Wattebausch tanzt jetzt auf dir –<br>1 und 2 und 3 und 4. | mit einem Wattebausch über die Haut des Kindes tanzen |
| Sanft und weich fühlt er sich an.<br>Wie schön, dass ich ihn fühlen kann! | den Wattebausch in die Hand des Kindes legen |
| 3. Ein Igelball rollt jetzt auf dir –<br>1 und 2 und 3 und 4. | einen Igelball über den Körper des Kindes rollen lassen |
| Noppig hart fühlt er sich an.<br>Wie schön, dass ich ihn fühlen kann! | den Igelball in die Hand des Kindes legen |

**Hinweis**

Legen Sie unterschiedliche Materialien neben sich, mit denen Sie sanft über den Körper des Kindes fahren können. Beginnen Sie grundsätzlich an der Hand und beobachtet Sie die Reaktion des Kindes. Nur wenn es den Kontakt als angenehm empfindet, wandern Sie behutsam mit dem Gegenstand über den Körper.

## Kannst du meine Finger sehn?

**Text & Melodie: Elke Gulden & Bettina Scheer**

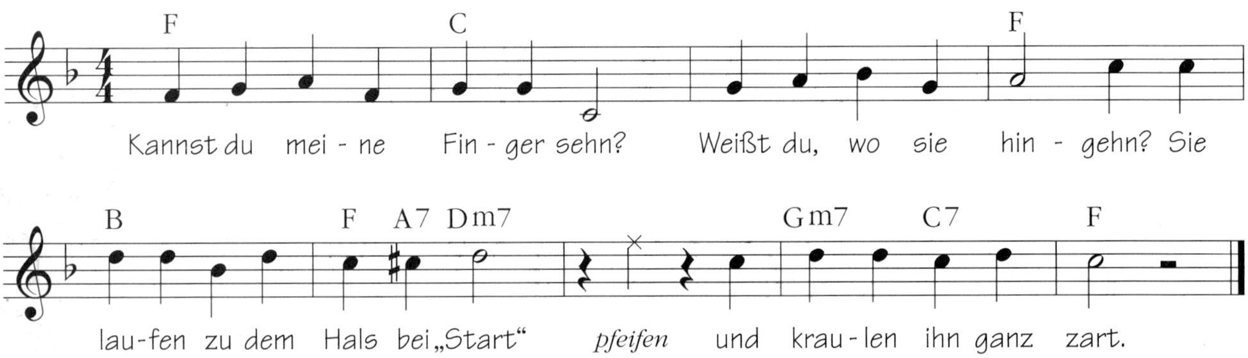


| | |
|---|---|
| Kannst du meine Finger sehn? | mit den Fingern zappeln |
| Weißt du, wo sie hingehn? | Hände zu Fäusten ballen, jeweils einmal schnell öffnen und wieder schließen |
| Sie laufen zu dem Hals bei „Start“ – | nach „Start“ leise pfeifen |
| und kraulen ihn ganz zart. | den Hals zart kraulen |
| Kannst du meine Finger sehn?<br>Weißt du, wo sie hingehn?<br>Sie laufen zu dem Bauch … | den Bauch zart kraulen |

## Variante

Das Lied „Kannst du meine Finger sehn?“ (→ S. 24) kann um beliebig viele Strophen mit verschiedenen Körperteilen (Fuß, Po, Rücken) erweitert werden.

## Susi, die kleine Wattefrau

**Superweich**

Über den Körper des Kindes mit einem dicken weichen Badeschwamm fahren.

**Material:** 1 (farbiger) Wattebausch

Susi saust im Sauseschritt,
Sausen hält sie immer fit.
Susi saust auf deinem Bauch,
Brust und Schultern mag sie auch.
Susi saust auf deiner Nase,
hoppelt weiter wie ein Hase.
Müde ist sie und will Ruh,
schließt jetzt beide Augen zu.

### Spielanregung

Mit dem Wattebausch wie beschrieben über den Körper des Kindes fahren. Am Schluss den Wattebausch in beiden Handflächen verschwinden lassen.

**Hinweis**

In der Nähe der Nase bitte aufpassen, dass sich keine kleinen Wattefäden lösen.

### Varianten

Sascha saust im Sauseschritt,
Sausen hält ihn immer fit.
Sascha saust auf deinem Bauch,
Brust und Schultern mag er auch.
Sascha saust auf deiner Nase,
hoppelt weiter wie ein Hase.
Müde ist er und will Ruh,
schließt jetzt beide Augen zu.

Susi und Sascha sind noch fit,
sausen jetzt im Sauseschritt.
Sausen schon auf deinem Bauch,
Brust und Schultern mög'n sie auch.
Sausen jetzt auf deiner Nase,
hoppeln weiter wie ein Hase.
Müde sind sie, gehn zur Ruh,
schließen ihre Augen zu.

## Ein kleiner frecher Zwerg

| | |
|---|---|
| 1. Geht ein Zwerg den Arm hinauf, | mit den Spitzen von Zeige- und Mittelfinger den Arm des Kindes hoch wandern |
| sieht sich um, steigt weiter rauf. | in der Ellenbeuge stehen bleiben, Finger auf der Stelle drehen, weitergehen |
| Und ist er endlich oben, | eine Spannungspause einlegen |
| will er spielen, kitzeln, toben. | das Kind kitzeln |
| 2. Fährt ein Zwerg den Arm hinauf,<br>sieht sich um, fährt weiter rauf. | mit der Handinnenfläche den Arm des Kindes hinaufgleiten |
| Und ist er endlich oben,<br>will er spielen, kitzeln, toben. | s. o. |
| 3. Hüpft ein Zwerg den Arm hinauf,<br>sieht sich um, hüpft weiter rauf. | mit zusammengelegten Zeige- und Mittelfinger den Kinderarm hinauf hüpfen |
| Und ist er endlich oben,<br>will er spielen, kitzeln, toben. | s. o. |
| 4. Stampft ein Zwerg den Arm hinauf,<br>sieht sich um, stampft weiter rauf. | mit dem Daumen den Arm hinaufgehen, dabei die Fingerkuppe sanft in die Haut drücken |
| Und ist er endlich oben,<br>will er spielen, kitzeln, toben. | s. o. |

## Zwei kleine Hände

| | |
|---|---|
| Zwei kleine Hände<br>krabbeln hoch die Wände. | mit den Fingern beide Arme des Kindes hinauf laufen |
| Rutschen wieder runter,<br>sind noch immer munter. | mit den Handinnenflächen an den Armen schnell nach unten gleiten |
| Wandern zu den Füßen,<br>woll'n die Zeh'n begrüßen: | mit den Fingern seitlich an den Beinen hinunter zu den Füßen tippeln und jeden Zeh drücken |
| „Hallo, hallo, guten Tag, wie geht es dir, hallo …“ | und ganz individuell begrüßen |
| Laufen dann die Beine rauf.<br>Hörst du ihr Geschnauf? | mit den Fingern die Beine bis zur Hüfte hoch krabbeln, dabei laut schnaufen |
| Doch plötzlich geht's ratzfatz | erwartungsvoll stehen bleiben |
| zu dem Kopf mit einem Satz. | auf den Kopf hüpfen und durch die Haare wuseln |
| Dann rutschen sie zum Bauch, | über Schultern und Brust zum Bauch rutschen |
| kitzeln dich – so ist es Brauch. | dort das Kind kitzeln |

## Die Badeschaumgeister Nr. 22

Text: Elke Gulden & Bettina Scheer
Melodie: Ralf Kiwit

Refrain
Wir sind die Badeschaumgeister
und sind im Baden Weltmeister,
denn wir lieben jedes Bad
ab 33 Grad
und wir lieben jede Flut,
denn dann geht's uns gut.

1. Wir sitzen im Badeschaum,
sind ganz klein, du siehst uns kaum;
und wenn das Wasser überschwappt,
deine Mama dich ertappt,
dann sag', du kannst nichts dafür,
denn das war'n wir.

Wir sind die Badeschaumgeister …

2. Wir spielen jedem einen Streich,
wir sind genial im Wasserreich;
wir spritzen jeden nass
und wenn du fragst: „Was soll denn das?",
dann tauchen wir schnell ab,
es macht schwipp-schwapp.

Wir sind die Badeschaumgeister …

**Hinweis**

Die Kinder brauchen Möglichkeiten, um Erfahrungen mit dem nassen Element zu machen, sei es, dass sie selbst in der Badewanne oder im Planschbecken sitzen, oder wenn sie einfach nur mit Wasser in verschiedenen Behältern von Becher bis Wäschekorb spielen.

## Wi-Wa-Wuschelhaar

Text & Melodie: Elke Gulden & Bettina Scheer

**Material:** 1 Babyhaarbürste

1. Dein Wi-Wa-Wuschelhaar
musst du heute waschen,
denn sonst wird dein Wuschelhaar
zum Zi-Za-Zottelhaar.

2. Dein Wi-Wa-Wuschelhaar
musst du heute bürsten,
denn sonst wird dein Wuschelhaar
zum Zi-Za-Zottelhaar.

### Spielanregung

1. Strophe: durch die Haare wuscheln
2. Strophe: die Haare sanft mit der Babybürste bürsten

## Icy Ice, der Eiswürfel (CD Nr. 15)

für heiße Sommertage

**Material:** 1 Eiswürfel

| | |
|---|---|
| 1. Icy Ice, der Eiswürfel, | den Eiswürfel zeigen |
| ist mal wieder frech und keck. | |
| Er stupst dich an den Händen an, | mit dem Eiswürfel auf den Handrücken tippen |
| verschwindet wieder im Versteck. | den Eiswürfel verschwinden lassen |
| 2. Icy Ice, der Eiswürfel, | den Eiswürfel zeigen |
| blickt noch einmal um das Eck. | |
| Er stupst dich an der Nase an, | mit dem Eiswürfel auf die Nase tippen |
| verschwindet wieder im Versteck. | den Eiswürfel verschwinden lassen |
| 3. Icy Ice, der Eiswürfel, | den Eiswürfel zeigen |
| blickt noch einmal um das Eck. | |
| Er stupst dich an der Schulter an, | mit dem Eiswürfel auf die Schulter tippen |
| verschwindet wieder im Versteck. | den Eiswürfel verschwinden lassen |

### Variante

Dieses Spiel kann so lange an verschiedenen Körperteilen umgesetzt werden, bis der Eiswürfel geschmolzen ist.

## Gespenstergeflüster

*Gespenster schweben durch den Raum.*
*Sie sind ganz leis, man hört sie kaum:*
*Ha ha ha ha ha,*
*flüstert's hier und da.*
*He he he he he,*
*flüstert's jetzt – o je!*
*Hi hi hi hi hi,*
*flüstert's irgendwie.*
*Ho ho ho ho ho,*
*flüstert's irgendwo.*
*Hu hu hu hu hu,*
*flüstert's immerzu.*
*Sie schau'n noch mal ums Eck,*
*und plötzlich sind sie weg.*

mit einem Finger auf der Handinnenfläche des Kindes kreisen
den Daumen des Kindes ausstreichen, dabei die Daumenkuppe sanft drücken
den Zeigefinger des Kindes ausstreichen, dabei die Fingerkuppe sanft drücken
den Mittelfinger des Kindes ausstreichen, dabei die Fingerkuppe sanft drücken
den Ringfinger des Kindes ausstreichen, dabei die Fingerkuppe sanft drücken
den kleinen Finger des Kindes ausstreichen, dabei die Fingerkuppe sanft drücken
noch einmal über die Handinnenfläche kreisen, dann die Hand verstecken

### Variante

Lassen Sie die Gespenster auch über die Fußsohlen und Zehen der Kinder geistern.

### Variante als Fingerspiel

- Die Finger einer Hand zappelnd hin und her bewegen.
- Nacheinander Daumen, Zeigefinger, Mittelfinger, Ringfinger und kleinen Finger zeigen.
- Am Ende noch einmal alle Finger zeigen, dann die Hand hinter dem Rücken verstecken.
- Das Spiel mit der anderen Hand wiederholen.

**Leicht und stark**

***Eine kleine Pipette mit sehr flüssiger Farbe füllen und auf saugfähiges Material, z. B. Küchen- oder Filterpapier, tropfen lassen.***

## Oscar und Elmar Nr. 19

Text: Elke Gulden & Bettina Scheer
Melodie: Ralf Kiwit

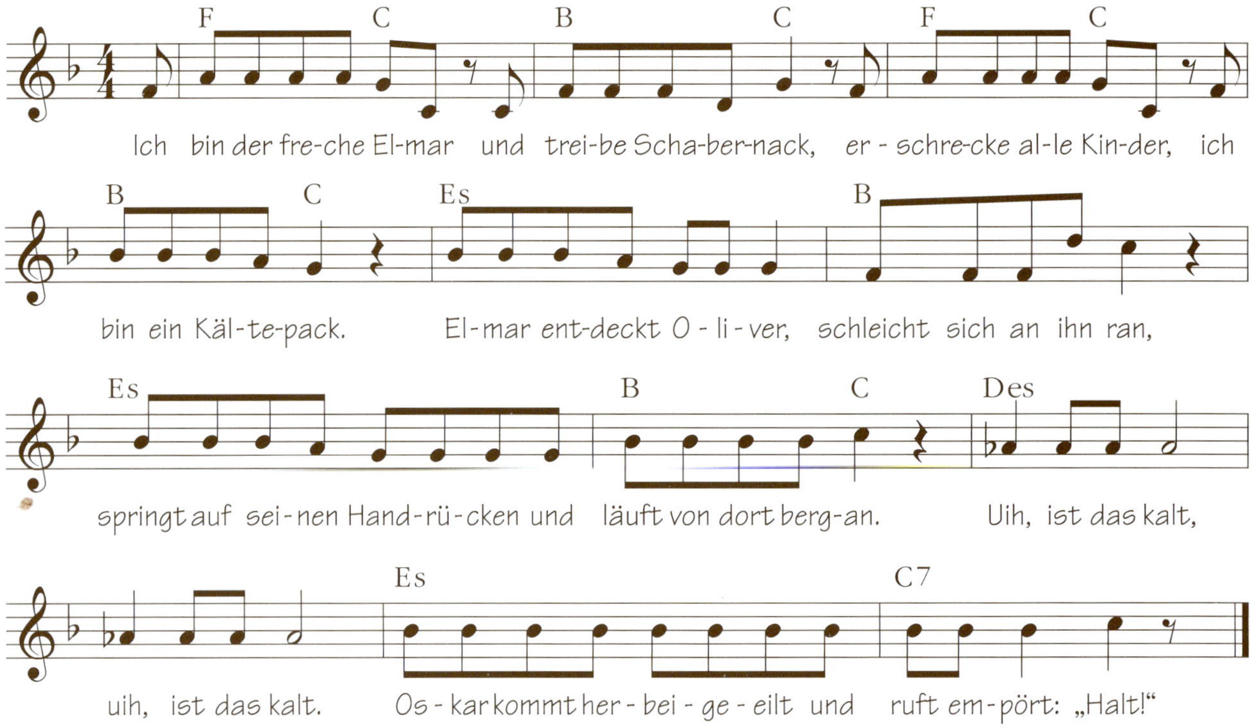


**Material:** 1 kleine Wärmflasche, warmes Wasser, 1 Kühlpack
**Vorbereitung:** Die Wärmflasche zur Hälfte mit Wasser füllen.

Ich bin der freche Elmar
und treibe Schabernack,
erschrecke alle Kinder,
ich bin ein Kältepack.

mit dem Kühlpack „Elmar“ in der Luft vor dem Kind spielen

Elmar entdeckt Oliver*,
schleicht sich an ihn ran,
springt auf seinen Handrücken
und läuft von dort bergan.

den Handrücken des Kindes mit „Elmar“ berühren und dort kurz verharren
mit der Spitze des Kühlpacks den Arm hinauf fahren.

Uih, ist das kalt,
uih, ist das kalt.

Oscar kommt herbeigeeilt
und ruft empört: „Halt!“
Ich bin der treue Oscar
und wärme dich sogleich.
Mein Bauch ist mollig warm
und auch ganz kuschelig weich.

dem Kind die Wärmflasche „Oscar“ zeigen und „Elmar“ von der Haut des Kindes nehmen

„Oscar“ auf den anderen Arm des Kindes legen

Elmar entdeckt Annabel*,
schleicht sich an sie ran,
springt auf ihren rechten Fuß
und läuft von dort bergan.

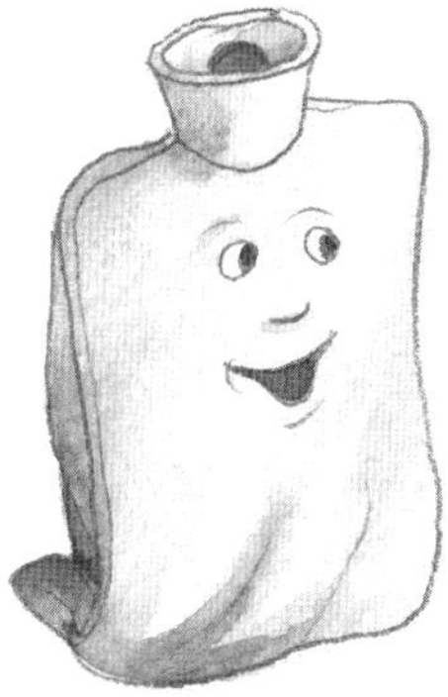

s. o.

Uih, ist das kalt, …

„Ach, sag doch, frecher Elmar,
was treibst du denn bloß hier?"
„Ich ärger alle Kinder,
denn keiner will zu mir."
„Das ist ja auch kein Wunder,
keiner möchte frier'n.
Blauen Fleck und Schwellung
kannst du schnell kurier'n."
„Du meinst, ich bin sehr nützlich?
Das ist ja super toll",
juchzt da der freche Elmar
und lacht ganz freudenvoll.

den Dialog zwischen „Oscar" und „Elmar" für das Kind gut sichtbar in der Luft zu Ende spielen

**Fingerfarbe – Körperfarbe**

**Mit Fingerfarben malen, dabei im Sommer auch ruhig einmal den eigenen Körper mit Farbe bestreichen.**

* Setzen Sie hier bitte die Namen der mitspielenden Kinder ein.

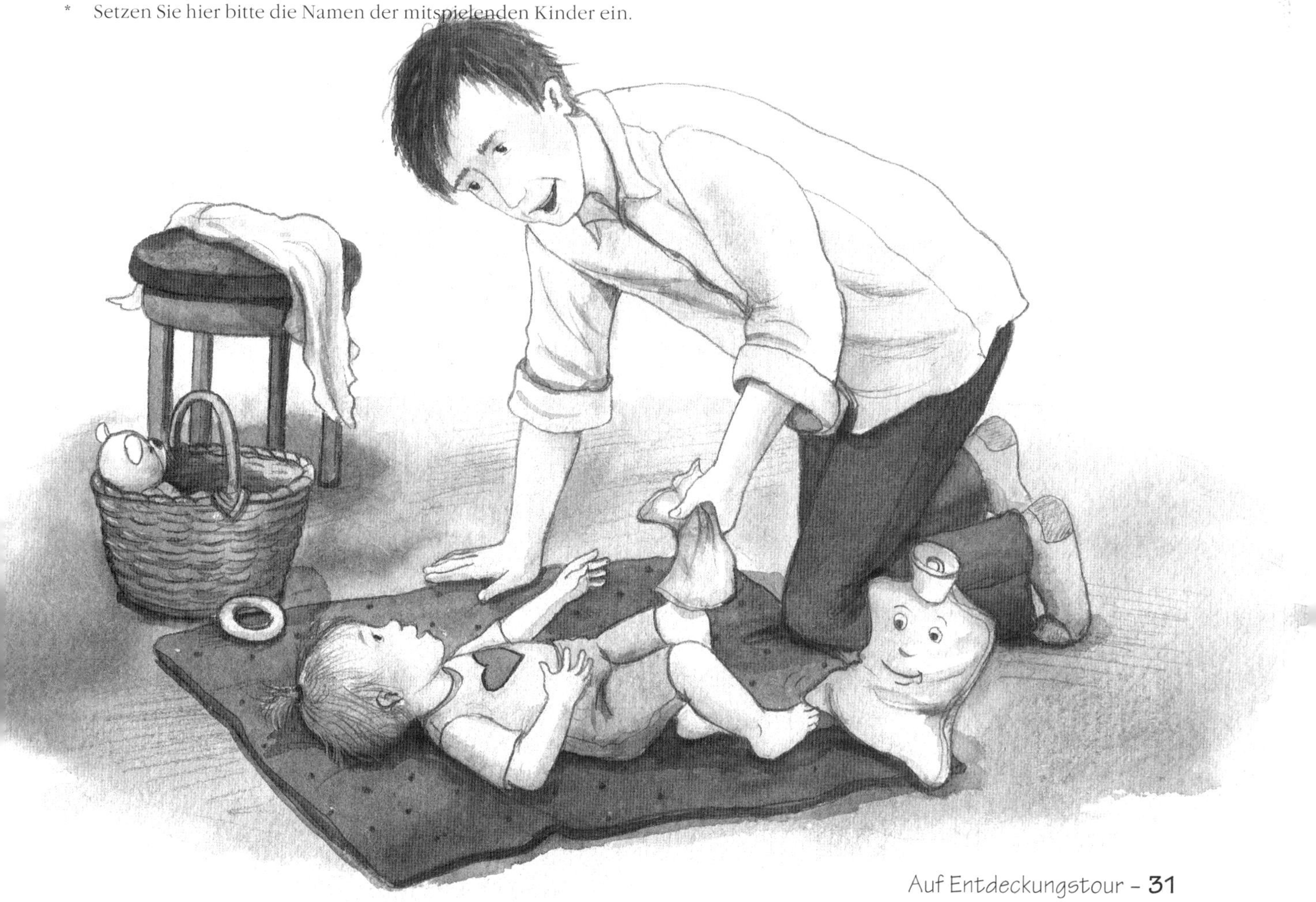

## Wir waschen uns Nr. 1

Text: Elke Gulden & Bettina Scheer
Melodie: Ralf Kiwit

1. Wir waschen unsre Hände,
la la la la la.
Auch die Finger bis zu den Spitzen,
la la la la la.
Wir reiben sie und reiben sie,
bis sie endlich sauber sind.
Wir reiben sie und reiben sie,
bis sie endlich sauber sind.

die Hände umeinander reiben

mit dem Zeigefinger einer Hand die Finger der anderen Hand einzeln entlang fahren
Hände umeinander reiben

2. Wir waschen uns're Füße,
la la la la la.
Auch die Zehen bis zu den Spitzen,
la la la la la.
Wir schrubben sie und schrubben sie,
bis sie endlich sauber sind.
Wir schrubben sie und schrubben sie,
bis sie endlich sauber sind.

mit den Händen über die Füße reiben

mit einem Zeigefinger über die Zehen fahren

die Füße fest zwischen den Händen reiben

3. Wir waschen uns're Haare,
la la la la la.
Hinauf bis zu den Spitzen,
la la la la la.
Wir wuscheln sie und wuscheln sie,
bis sie endlich sauber sind.
Wir wuscheln sie und wuscheln sie,
bis sie endlich sauber sind.

die Kopfhaut vorsichtig mit den Fingerspitzen reiben
einzelne Haarsträhnen vorsichtig in die Länge ziehen
durch die Haare wuscheln

### Variante für jüngere Kinder

Legen Sie bei Kleinkindern unter 12 Monaten die kleinen Kinderhände in Ihre Hände. Reiben Sie diese vorsichtig, als ob Sie sie unter fließendem Wasser waschen würden.

## Ich klatsch für dich

Text & Melodie: Elke Gulden & Bettina Scheer

1. Ich klatsch für dich
und du klatschst für mich,
wir klatschen beide,
und keiner für sich. (2 ×)

2. Ich reib für dich
und du reibst für mich,
wir reiben beide,
und keiner für sich. (2 ×)

3. Ich patsch für dich
und du patschst für mich,
wir patschen beide,
und keiner für sich. (2 ×)

4. Ich wink für dich
und du winkst für mich,
wir winken beide,
und keiner für sich. (2 ×)

5. Ich streichel dich
und du streichelst mich,
la la la la,
la la la la la la. (2 ×)

### Spielanregung

Winken Sie sich gegenseitig mit der Hand zu und klatschen, patschen, reiben, streicheln Sie zusammen.

### Varianten

Mit nur kleinen sprachlichen Änderungen lässt sich das Lied auf viele unterschiedliche Weisen gestalten.

## Ein buntes Blättermeer

**Material:** evtl. 1 weiches, buntes Tuch, 1 Schwungtuch

| | |
|---|---|
| Wenn spät im Jahr der Herbstwind weht | Hände wie einen Trichter an den Mund legen und stark pusten |
| und sich das Laub zum Tanze dreht, | Handgelenke hin und her drehen |
| wirbeln die Blätter am Boden umher<br>und bilden ein buntes Blättermeer. | Hände knapp über den Boden halten und hin und her wischen |

### Variante mit einem Tuch
Das Kind auf den Rücken legen und das Tuch über und auf dem Kind tanzen lassen.

### Variante mit einem Schwungtuch
Mehrere Kinder liegen in der Mitte des Schwungtuches auf dem Boden. Die ErzieherInnen halten das Tuch an den Griffen hoch und gehen im Kreis umher. Dabei ändern sie zwischendurch Richtung und Geschwindigkeit.

**Hinweis**
Für jüngere Kinder sind besonders Schwungtücher aus Stoff geeignet, da sie keine Eigengeräusche erzeugen.

## Fünf kleine Zauberzwerge
Ein Fingerspiel

| | |
|---|---|
| Fünf kleine Zauberzwerge | einen Unterarm senkrecht in der Luft aufstellen |
| wandern über hohe Berge, | mit den Fingern der anderen Hand den Arm bis zu den Fingerkuppen hinauflaufen |
| sehn sich dort ausgiebig um<br>und sind dabei ganz still und stumm. | die Hand in alle Richtungen drehen |
| Dann laufen sie den Berg hinab,<br>plaudern laut: „Papperlapapp." | mit den Fingern am Arm wieder hinunterlaufen, dabei die Silben pla, papp, papp betonen |
| Kaum sind sie unten angekommen,<br>hat Müdigkeit sie überkommen. | gähnen |
| Sie legen sich zusammen nieder,<br>entspannen dabei ihre Glieder. | Hände entspannt in die Ellenbogenbeuge legen |

### Variante
Den Vers mit dem anderen Arm wiederholen.

## Fünf kleine Zappelfinger

Text & Melodie: Elke Gulden & Bettina Scheer

1. Fünf kleine Zappelfinger zappeln hin und her,
fünf kleine Zappelfinger langweilen sich sehr.

2. Fünf kleine Zappelfinger tippeln auf dem Kopf,
fünf kleine Zappelfinger mögen deinen Schopf.

3. Fünf kleine Zappelfinger krabbeln hoch den Arm,
fünf kleine Zappelfinger wollen Rutschbahn fahr'n.

4. Fünf kleine Zappelfinger streicheln deinen Bauch,
fünf kleinen Zappelfingern gefällt das wahrlich auch.

5. Fünf kleine Zappelfinger spiel'n mit deiner Hand,
fünf kleine Zappelfinger werden schnell verbannt.

6. Fünf kleine Zappelfinger kitzeln dich am Fuß,
denken sich: „Ist g'nug für heut'“ und machen darum Schluss.

**Fühlkissen**

**Stoffreste zu kleinen Kissen zusammennähen und mit unterschiedlichen Materialien füllen: knisterndes Zellophanpapier, Watte, Kirschkerne usw.**

### Spielanregung

Zeigen Sie dem Kind die fünf Finger einer Ihrer Hände. Lassen Sie die Finger hin und her zappeln und bewegen Sie sie zu den einzelnen Strophen entsprechend: tippeln, krabbeln, rutschen, streicheln, spielen, kitzeln und am Ende hinter dem Rücken verstecken.

## Lustige Finger

Schau, was meine Finger machen,
kitzeln dich, da wirst du lachen.

die Finger zappelnd vor dem Gesicht des Kindes hin und her bewegen, dann überall kitzeln

Schau, was meine Finger machen,
laufen schnell, da wirst du lachen.

die Finger zappelnd hin und her bewegen, dann schnell von den Füßen bis zum Kopf laufen

Schau, was meine Finger machen,
zaubern hier, da wirst du lachen.

die Finger zappelnd hin und her bewegen, Hände zu Fäusten schließen und schnell wieder öffnen

Schau, was meine Finger machen,
verstecken sich, da wirst du lachen.

die Finger zappelnd hin und her bewegen und dann hinter dem Rücken verstecken

## Versteckspiel

Ich halte mir die Augen zu,
bin ganz leise, komm' zur Ruh'.
Ich seh' dich nicht aus mein'm Versteck,
ich glaube, du bist wirklich weg.

die eigenen Augen mit den Händen zuhalten

Doch plötzlich bist du wieder da,
wir rufen laut: „Hurra, hurra!"

die Hände vom Gesicht nehmen und laut „Hurra, hurra!" rufen

**Fühlbad**
**Einen Wäschekorb mit Tennisbällen (Tischtennisbällen, Kastanien, Korken u. Ä.) füllen und das Kind hineinlegen.**
**! Bitte nur unter Aufsicht !**

## Die Augen

Die Augen sind weg,
die Augen sind da,
sie spielen ein Spiel,
wie wunderbar.

Die Augen sind da,
die Augen sind weg,
sie spielen ein Spiel
und das heißt Versteck.

### Spielanregung

Mit den Händen die Augen verstecken und sie wieder öffnen.

## Die Sonnenstrahlen

**Material:** evtl. 1 kleine Infrarotlampe (Handgerät), 1 Taschenlampe mit Kaltlicht

| | |
|---|---|
| Die Sonne strahlt ganz hell und klar, | alle Fingerkuppen einer Hand des Kindes |
| das ist am Tage wunderbar. | kreisend berühren |
| Am Abend steigt der Mond empor, | mit der Faust einen Bogen machen |
| das Licht der Nacht kommt jetzt hervor. | |
| Und am Morgen, welch ein Glück, | die Faust wieder öffnen und die Finger |
| kehrt die Sonne gleich zurück. | ausstrecken wie Sonnenstrahlen |

### Variante

Dieses Fingerspiel eignet sich auch sehr gut, um Licht fühlbar zu machen. Die Infrarotlampe stellt die Sonne dar, deren warmes Licht auf einen Unterarm oder eine Hand des Kindes strahlt. Die Taschenlampe leuchtet, sobald im Text der Mond auftritt. Dann kehrt die „Sonne" zurück.

## Zwergenreise Nr. 5

| | |
|---|---|
| Die Bergbahn fährt geradeaus, | mit den Fingern über den Arm des Kindes von der Hand bis zur Schulter streichen |
| ein Zwerglein steigt am Gipfel aus. | am Ohr zupfen |
| Dann läuft es um den Berg herum. | mit den Fingern am Brustbein des Kindes entlang |
| Ich muss schon sagen: „Es hat Mumm." | tippeln, am anderen Ohr zupfen |
| Dort rutscht's hinab im Affenzahn, | mit den Fingern den Arm des Kindes von der |
| wow – was ein genialer Plan. | Schulter bis zur Hand hinunter streichen |

## Ein Bienchen Nr. 16

Text & Melodie: Elke Gulden & Bettina Scheer

**Material:** 1 Chiffontuch

1. Ein Bienchen kommt geflogen
in einem großen Bogen.
Es landet dort, es landet hier,
summt: „Hach, hier gefällt es mir.“

2. Ein Falter kommt geflogen
in einem großen Bogen.
Er landet dort, er landet hier,
denkt: „Hach, hier gefällt es mir.“

3. Ein Vöglein kommt geflogen
in einem großen Bogen.
Es landet dort, es landet hier,
singt: „Hach, hier gefällt es mir.“

### Spielanregung

Zu jeder Strophe das Chiffontuch erst vor dem Gesicht des Kindes kreisen lassen, dann verschiedene Stellen des Körpers damit berühren. Am Schluss das Tuch in die Luft werfen.

## Ferdinand, das schnarchende Schwein Nr. 8

| | |
|---|---|
| Ferdinand, das dicke Schwein, | eine Faust machen, Daumen abspreizen |
| legt sich in sein Strohbett rein. | den Daumen in der Faust verstecken |
| Schnarcht ganz laut, so dass es kracht, davon ist er nun aufgewacht. | Schnarchgeräusche imitieren und das Kind beim Ausatmen anpusten |
| Er streckt die müden Beinchen weg, dann rennt er los, suhlt sich im Dreck. | mit einem Gähngeräusch Daumen langsam aus der Faust herausholen und schnell hin und her bewegen, dann damit die Handinnenfläche des Kindes streicheln |

## Der Herbst

Text & Melodie: Elke Gulden & Bettina Scheer

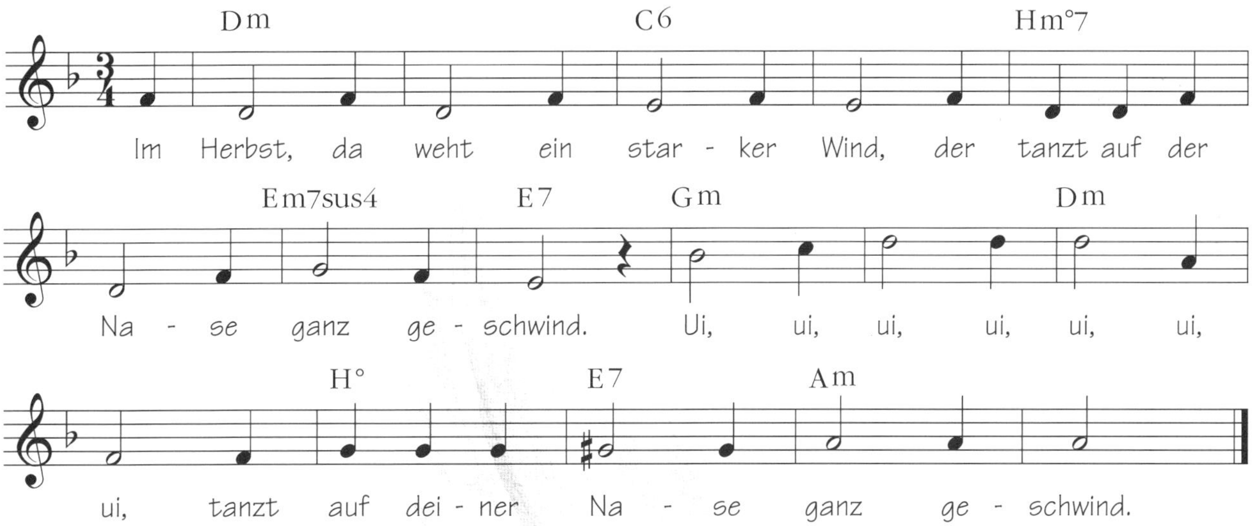


**Material:** 1 kurzer Strohhalm

1. Im Herbst, da weht ein starker Wind,
der tanzt auf der Nase ganz geschwind.
Ui, ui, ui, ui, ui, ui, ui,
tanzt auf deiner Nase ganz geschwind.

2. Im Herbst, da weht ein starker Wind,
der tanzt auf der Schulter ganz geschwind.
Ui, ui, ui, ui, ui, ui, ui,
tanzt auf deiner Schulter ganz geschwind.

3. Im Herbst, da weht ein starker Wind,
der tanzt auf den Händen ganz geschwind.
Ui, ui, ui, ui, ui, ui, ui,
tanzt auf deinen Händen ganz geschwind.

4. Im Herbst, da weht ein starker Wind,
der tanzt auf den Armen ganz geschwind.
Ui, ui, ui, ui, ui, ui, ui,
tanzt auf deinen Armen ganz geschwind.

### Spielanregung

Pusten Sie zu Beginn jeder Strophe durch den Strohhalm über den Kopf des Kindes, anschließend entsprechend des Textes um die Nasenspitze, die Schultern, die Hände und die Arme.

**Spannung und Entspannung**

Einen breiten Hosengummi von ca. 10 cm Länge kreisförmig in einen weichen Stoffrest nähen. Kind und Bezugsperson sitzen sich gegenüber und spannen bzw. entspannen das Gummi.

## Ich schenk dir einen schönen Ton

Text & Melodie: Elke Gulden & Bettina Scheer

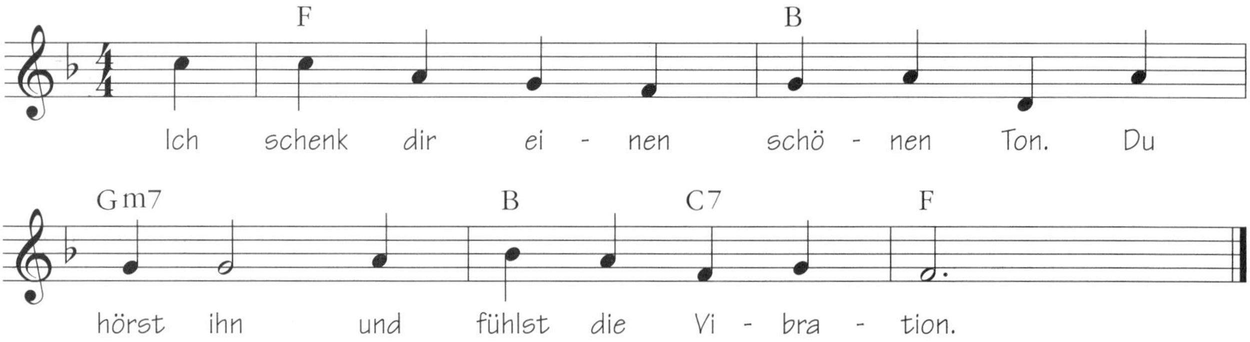


**Material:** 1 Klangschale

Ich schenk dir einen schönen Ton.
Du hörst ihn und fühlst die Vibration.

### Spielanregung

Die Klangschale immer am Ende der Melodie anschlagen.

### Varianten

- Die Klangschale kann bei den Kleinsten auf dem Rücken stehen.
- Je nach Größe der Klangschale können die Kinder diese ab zwei Jahren auch selbst auf ihrem Handteller halten.
- Die Vibration lässt sich auch erfühlen, indem das Kind eine Zeigefingerkuppe leicht an den unteren Teil der Klangschale hält.

## Fünf kleine Pusteblumen

Text & Melodie: Elke Gulden & Bettina Scheer

*Fünf kleine Pusteblumen stehn auf einem Fleck,*
*fünf kleine Pusteblumen puste ich jetzt weg:*
*Eins, zwei, drei, vier, fünf.*

### Spielanregung

Tippen Sie die fünf Fingerkuppen einer Kinderhand zunächst hintereinander an.
Bei „Eins, zwei, drei, vier, fünf" pusten Sie diese nacheinander an.

## Im Sandkasten

**Material:** feiner Sand

*Fühlst du diesen feinen Sand,*
*er rieselt leicht auf deine Hand.*
*Er rieselt auch auf Fuß und Zeh,*
*das kitzelt schön – juchhe, juchhe.*

### Spielanregung

Das Kind sitzt auf Ihrem Schoß oder im Sandkasten. Dem Text entsprechend lassen Sie den feinen, trockenen Sand langsam über die Hände und bloßen Füße des Kindes rieseln.

### Das kitzelt

**Mit einem sauberen dicken Make-up Pinsel über den Körper des Kindes fahren. Alternativ kann auch einmal ein kleiner Pinsel über Hände und Füße, Arme und Beine fahren. Mit etwas Schminkfarbe kann er dabei auch kleine Gesichter hinterlassen.**

## Eine kleine Regenwolke

Nr. 23

Text & Melodie: Elke Gulden & Bettina Scheer

with swing-feel

**Material:** 1 kleine Pipette, Wasser
**Vorbereitung:** Die Pipette mit Wasser füllen.

1. Eine kleine Regenwolke ist ganz dick und schwer.
Da rufen ihr die Blümchen zu: „Wir hab'n kein Wasser mehr.
Wir haben so viel Durst, Durst, Durst und hab'n kein Wasser mehr!"

Refrain
Die Wolke lässt den Regen fall'n, es regnet ringsumher.
Da rufen ihr die Blümchen zu: „Wir danken dafür sehr.
Jetzt geht's uns wieder gut, gut, gut, wir danken dafür sehr."

2. Eine kleine Regenwolke ist ganz dick und schwer.
Da rufen ihr die Bäume zu: „Wir hab'n kein Wasser mehr.
Wir haben so viel Durst, Durst, Durst und hab'n kein Wasser mehr!"

Die Wolke lässt den Regen fallen …

3. Eine kleine Regenwolke ist ganz dick und schwer.
Da rufen ihr die Wiesen zu: „Wir …

Die Wolke lässt den Regen fallen …

**Wir kneten**

**Teilen, Zusammenfügen und Formen mit den Fingern und Händen ist wichtig für die Ausbildung der Fühl- und Tastzellen. Dabei kann entweder handelsübliche oder selbst gemachte Knete verwendet werden. Rezepte aller Art, mit und ohne Alaun, finden sich problemlos im Netz.**

### Spielanregung

Tropfen Sie dem Kind immer während des Refrains einen Wassertropfen auf die Handfläche.

## Essen kochen

Legen Sie das Kind mit dem Bauch auf Ihren Schoß und einen Unterarm, so dass Sie mit der freien Hand den Rücken des Kindes berühren können.

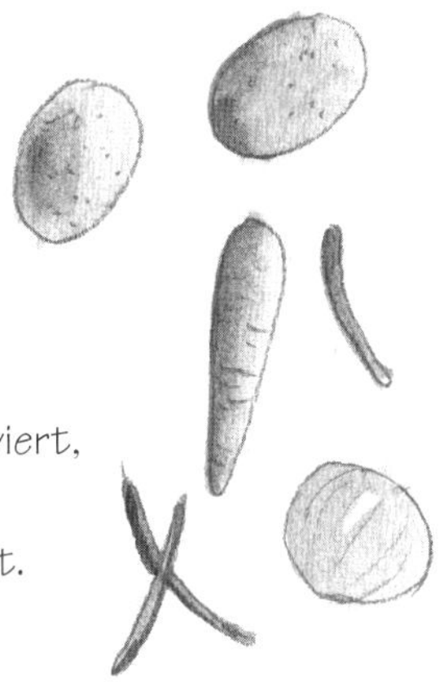

| | |
|---|---|
| Kartoffeln schälen, | den Rücken mit der ganzen Hand ausstreichen |
| Möhren raspeln, | die Hand in schnellen Vor- und Rückbewegungen an verschiedenen Stellen des Rückens reiben |
| Bohnen schneiden, | mit den Fingerkuppen lange Striche über den Rücken ziehen |
| Zwiebeln hacken. | mit den Fingerkuppen über den Rücken klopfen |
| Im Topf gekocht und heiß serviert, | Kreisbewegungen auf dem Rücken mit der ganzen Hand |
| vorsichtig wird's dann probiert. | das Kind kitzeln |

# Windel, wechsel dich

## Lustige Strampelspiele und kleine Gymnastikverse für zwei

Das Wechseln der Windel oder der Kleidung bietet eine schöne Gelegenheit, sich einmal ein wenig vertraute Zeit zu zweit zu nehmen. Alleine in einem separaten und ruhigen Raum, evtl. noch unter einer angenehmen Wärmelampe, wäre es schade, das Windelwechseln als einfach notwendige und schnelle Aktion durchzuführen. Vielmehr sollte die Gelegenheit genutzt werden, die Zellen des Fühl- und Tastsinns des Kindes durch Berührung zu aktivieren und die motorische Entwicklung mit kleinen Strampelversen zu fördern. Darüber hinaus bietet sich die Gelegenheit für kleine Kitzelspiele zu zweit, bei denen beide viel zu lachen haben. Intensiver Augenkontakt und bewusstes Sprechen mit den eigenen Augen lassen das Kind spüren: „Du bist mir wichtig. Ich spiele gerne mit dir und ich habe viel Spaß mit dir." Alle diese Gefühle fördern und prägen das gesunde Selbstbewusstsein des Kindes.

Hier finden Sie neben Strampelversen wie schon im Kapitel „Auf Entdeckungstour" (➜ S. 20) solche zur Stimulation von nackten Hautflächen, die normalerweise bedeckt sind, wie des Rückens und der Beinchen. Die Bewegungen zu kleinen Massageversen und Babygymnastiksprüchen machen dem Kind ohne reibende Windel oder begrenzende Kleidungsstücke noch mehr Spaß.

## Windelwechseldich

Text & Melodie: Elke Gulden & Bettina Scheer

Wickelrituallied

Wir gehen jetzt zum Wickeltisch
und spielen Windelwechseldich.
'Ne saub're Windel kommt jetzt her,
das freut den kleinen Popo sehr. (2 ×)

**Hinweis**

Dieses Lied eignet sich hervorragend für den Weg zum Wickeltisch. Wenn Sie es jedes Mal singen, weiß das Kind schon, worauf es sich freuen darf.

## Das Mäusehaus

| | |
|---|---|
| Wir öffnen jetzt das Mäusehaus, | Handinnenflächen des Babys vor seiner Brust eng aneinander legen, Arme weit nach vorne und außen öffnen |
| ein Mäuschen läuft ganz schnell heraus. | mit einem Zeigefinger am Körper des Kindes entlang fahren, an den Füßen beginnen |
| Ein zweites schließt sich hinten an. | mit zwei Fingern ... |
| ein drittes hängt sich auch noch dran. | mit drei Fingern ... |
| Wo laufen sie nur alle hin? | das Kind überall kitzeln |
| Nanu, jetzt sind sie wieder drin. | mit zwei Fingern über die Beine nach unten zu den Füßen laufen |
| Dann schließen wir die Tür schnell zu<br>doch sag, was meinst denn du dazu? | Arme von den Seiten nach vorne zur Brust führen, Handinnenflächen wieder aneinander legen |

### Variante

Der Vers lässt sich durch Einsetzen anderer Tiere und ihrer Bewegungen leicht variieren, z. B. *Wir öffnen jetzt das Fröschehaus, ein Fröschlein springt ganz schnell heraus.* (Springen)

## Beugen und Strecken

Hallihallo, wie geht es dir?
Deine Beine hab ich hier.
Beugen, strecken, beugen, strecken,
so können wir die Beine wecken.
Auch im Wechsel klappt es gut,
rechts und links, ganz frohgemut.

die Unterschenkel des Kindes von unten greifen (➜ S. 56)
beide Knie an den Bauch des Kindes führen und wieder strecken, einige Male wiederholen
die Knie einzeln im Wechsel an den Bauch des Kindes führen und wieder strecken, einige Male wiederholen

## Kitzelgruß

**Material:** 1 weiche Kunstfeder, 1 Wattebausch, 1 weicher Kosmetikpinsel, 1 weicher Teddy

| | |
|---|---|
| 1. Die Feder streichelt dich am Fuß<br>und schickt dir einen Kitzelgruß:<br>Kitzel kille kitzelig, witzel wille witzelig. | mit der Feder über den Fuß streichen<br>die Feder in kleinen Kreisbewegungen über die Fußsohle führen |
| 2. Die Hände streicheln dich am Fuß<br>und schicken dir 'nen Kitzelgruß:<br>Kitzel kille kitzelig, witzel wille witzelig. | mit den Fingern über den Fuß streichen<br><br>mit zwei Fingern die Fußsohle kitzeln |
| 3. Die Watte streichelt dich am Fuß<br>und schickt dir einen Kitzelgruß:<br>Kitzel kille kitzelig, witzel wille witzelig. | mit dem Wattebausch über den Fuß streichen<br>die Watte kreisend über die Fußsohle führen |
| 4. Der Pinsel streichelt dich am Fuß<br>und schickt dir einen Kitzelgruß:<br>Kitzel kille kitzelig, witzel wille witzelig. | mit dem Pinsel über den Fuß streichen<br>den Pinsel kreisend über die Fußsohle führen |
| 5. Der Teddy streichelt dich am Fuß<br>und schickt dir einen Kitzelgruß:<br>Kitzel kille kitzelig, witzel wille witzelig. | mit dem Teddy über den Fuß streichen<br>den Teddy kreisend über die Fußsohle führen |

## Im Ruderboot

Text & Melodie: Elke Gulden & Bettina Scheer

Wir rudern auf dem großen See
und schau'n den Fischen zu.
Sie schwimmen um das Boot herum,
wir rudern schwupp-di du.

Schwupp-di, schwupp-di, schwupp-di du.
Schwupp-di, schwupp-di du.
Schwupp-di, schwupp-di, schwupp-di du.
Schwupp-di, schwupp-di du.

### Spielanregung

Drücken Sie die Knie des Kindes sanft an den Bauch und strecken Sie die Beine anschließend wieder lang nach vorne aus.

## Hippeldi

Hippeldi happeldi ho
zwickeldi zwackeldi po.
Krikeldi krakeldi ki
kitzeldi katzeldi kni.

mit zwei Fingern über den Körper des Kindes hüpfen
das Kind kitzeln

## Ein Nasengruß

Der große dicke Zeh am Fuß
sendet einen Morgengruß.
Tippt die Nase sachte an,
sagt: „Das kann doch jeder Mann."

den großen Zeh mit der Hand fassen
mit dem großen Zeh die Nasenspitze des Kindes berühren
Wiederholung mit dem anderen Fuß

## Füße kitzeln

Fünf kleine Zehen
sind etwas konfus,
denn ich kitzel grade
deinen linken Fuß.

die fünf Zehen des linken Fußes einzeln mit Daumen und Zeigefinger drücken

den linken Fuß kitzeln

Jetzt folgt die Massage
völlig routiniert
und dann kommen Socken,
so dass kein Fuß friert.

die Fußsohle ausstreichen

Socken anziehen

Wiederholen Sie den Vers mit dem rechten Fuß des Kindes.

## Eincremen

**Material:** Sonnencreme

Wir woll'n uns in der Sonne aalen.
Doch was tun wir gegen ihre Strahlen?
Wir müssen unsre Haut beschützen,
da helfen nicht nur Sonnenmützen!

„Sonnencreme brauch' ich dringend",
ruft die Nase händeringend.
Kinn und Stirn und beide Wangen
hört man auch nach Crem' verlangen.

Auch die Schultern und der Rücken
kreischen laut auf vor Entzücken:
„Das Cremen fühlt sich herrlich an,
lieber Bauch, auch du kommst dran."

Erst ruft das rechte, dann das linke Bein:
„Crem' mich bitte auch noch ein."
Die Füße flüstern fast verschämt:
„Wir würden auch gern eingecremt."

Zum Schluss natürlich auch die Waden,
dann geht's auf zum Sonnen-Baden.

### Spielanregung

Zunächst den Zeigefinger gedankenvoll an die Wange legen und über die Oberarme des Kindes streichen. Dann dem Kind die Sonnencreme zeigen und es ganz behutsam an den benannten Stellen eincremen.

### Variante

Leicht abgewandelt kann der Vers auch zum täglichen Eincremen gesprochen werden.

„Hilfe!", schreit die Haut erschrocken,
„Sieh nur, ich bin ziemlich trocken."
„Feuchte Creme brauch' ich dringend",
ruft die Nase …

## Ein kalter Wind, ja der weht heut

Text & Melodie: Elke Gulden & Bettina Scheer

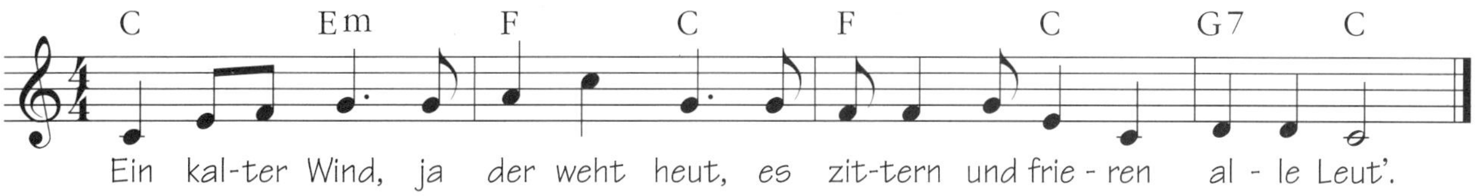


1. Ein kalter Wind, ja der weht heut,
es zittern und frieren alle Leut'.

2. Ich zieh dir deinen Body an,
damit dein Rücken warm sein kann.

3. Ich zieh dir deine Socken an,
dass jeder Fuß auch warm sein kann.

4. Jetzt ziehn wir deine Hose an,
dass jedes Bein auch warm sein kann.

5. Zum Schluss kommt der Pullover dran,
damit dein Bauch auch warm sein kann.

### Spielanregung

Pusten Sie zunächst über den Körper des Kindes. Dann ziehen Sie dem Kind die Kleidungsstücke den Versen entsprechend an.

## Meister Hase

**Material:** 1 dicker weicher Kosmetikpinsel

Mit einem Pinsel in der Hand
malt Meister Hase allerhand.

mit dem Kosmetikpinsel über den Körper des Kindes streichen

Kunterbunte Ostereier
braucht doch jede Osterfeier.

mit dem Pinsel an vielen Stellen über den Körper tupfen

Dann versteckt er sie beflissen
hinter Schränken, Sesseln, Kissen.

mit dem Pinsel unter die Achseln, über die Fußsohlen, etc. fahren

## Türen gehen auf und zu

Text & Melodie: Elke Gulden & Bettina Scheer

Türen gehen auf und zu.
Türen gehen auf und zu.
Türen gehen auf und zu, auf und zu, auf und zu.
Türen gehen auf und zu.

### Spielanregung

Umfassen Sie mit den Händen die Unterschenkel des Kindes, vier Finger liegen auf jedem Schienbein. Führen Sie die beiden Fersen des Kindes vor seinem Bauch zusammen und auseinander, die Knie zeigen nach außen. Passen Sie das Tempo der Melodie an.

### Variante

Sie können die Bewegung auch gut mit den Armen ausführen, indem Sie die Arme vor der Brust kreuzen und zu den Seiten öffnen.

## Wir radeln durch die Welt Nr. 12

Text & Melodie: Elke Gulden & Bettina Scheer

1. Wir radeln durch die Welt,
das kostet uns kein Geld,
wir radeln auf den Wegen,
dem Sonnenschein entgegen:
La, la, la, la, la, la, la …

2. Im Fahrradtourverlauf
da geht es steil bergauf.
Doch mit Muskelkraft
ist der Berg schon gleich geschafft:
La, la, la, la, la, la, la …

3. Wir radeln durch die Welt, …

### Spielanregung

Legen Sie die Fußsohlen des Kindes gegen die eigenen Handflächen und machen Sie mit den Beinchen „Radlbewegungen". Reduzieren Sie in der 2. Strophe das Tempo.

## Der Hampelmann

Der Hampelmann hat müde Beine,
bewegt die Arme ganz alleine.
Auf und zu und auf und zu,
oh je, die Arme gehn zur Ruh.

die Handgelenke des Kindes umfassen, Arme des Kindes auf der Brust kreuzen und sie sanft öffnen und wieder schließen
(die Arme im Wechsel kreuzen, → S. 54)

Die Beine sind nun wieder wach,
sie spring'n mit Lärm und lautem Krach.
Auf und zu und auf und zu,
sie springen ohne Rast und Ruh.

die Fußgelenke des Kindes umfassen, Beine des Kindes sanft öffnen und wieder schließen

## Deine Zehen grüßen dich Nr. 2

1. Fünf kleine Zehen sind an deinem Fuß.
Dir sendet jeder einen netten Gruß.

einen Fuß am Gelenk leicht festhalten und mit der anderen Hand von der Ferse zu den Zehen streichen

2. Der erste sagt „Hallo" zu dir,
da fehlen nur noch vier.

den großen Zeh mit Daumen und Zeigefinger drücken

3. Der zweite sagt ganz einfach „Hi",
da fehlen nur noch drei.

den 2. Zeh drücken

4. Der dritte macht ein groß' Geschrei,
da kommen gleich die andern zwei.

den mittleren Zeh drücken
4. und 5. Zeh drücken

5. Sie sagen laut: „Schön, dich zu sehn,
doch jetzt woll'n wir endlich geh'n."

den großen Zeh an die Nasenspitze führen
mit den Fingern über die Fußsohle laufen

6. Denn hierfür sind die Füße da,
das ist doch einfach sonnenklar.

gegen die Fußsohle prusten

## Mit dem Fahrrad durch die Stadt

| | |
|---|---|
| Ich hab ein neues Fahrrad und das ist wirklich topp.<br>So radel ich zur Ampel und die zeigt: STOPP! | mit den Beinen des Kindes sanft Radfahren<br>Beine festhalten und beide Knie an den Bauch des Kindes legen<br>Pause |
| Die Ampel zeigt ihr rotes Licht<br>und das heißt klar: „Fahr jetzt nicht!“<br>Doch gleich wird sie wieder grün<br>und die Fahrt kann weiter gehn. | die Beine wieder im Wechsel Radfahren lassen |

## Zwei Zwerge auf Wanderschaft

Text & Melodie: Elke Gulden & Bettina Scheer

| | |
|---|---|
| Es waren einst zwei Zwerge,<br>die wanderten über die Berge. | Knie im Wechsel auf und nieder bewegen |
| Dann fuhren sie hinaus aufs Meer,<br>die Wellen trieben sie sanft umher. | Knie sanft hin und her schaukeln |
| Die Wellen trieben sie schließlich an Land,<br>an einen langen, flachen Strand. | ganz langsam schaukeln, dann Beine lang machen und ruhig halten |

### Variante

Zu diesem Vers passt auch eine Massage auf dem Rücken.

- Mit beiden Händen im Wechsel rechts und links der Wirbelsäule von den Schultern bis zum Gesäß hin und her streichen.
- Kreisende Bewegungen mit den Fingerspitzen auf dem gesamten Rücken ausführen.
- Mit den Fingerspitzen von den Schultern bis zum Po einmal ausstreichen und am Ende die Hände ruhen lassen.

## Kleiner Schatz, ich mag dich sehr

Kleiner Schatz, ich mag dich sehr,
drum nehm' ich deine Arme her.
Umarme dich, sei lieb zu dir,
umarme dich, sei lieb zu dir,
umarme dich, sei lieb zu dir,
dann strecke dich, ich helfe dir.

kuscheln, die Hände des Kindes fassen und die Arme zur Seite öffnen
3 × die Arme des Kindes vor der Brust kreuzen, jedes Mal wechselt der obere Arm des Kindes

die Arme des Kindes wieder zur Seite öffnen

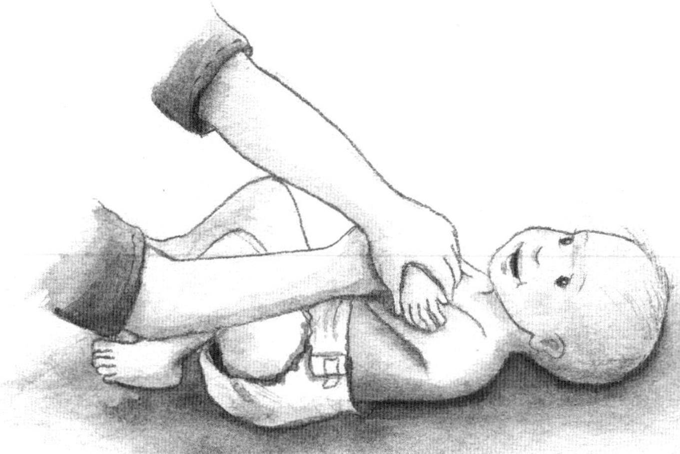

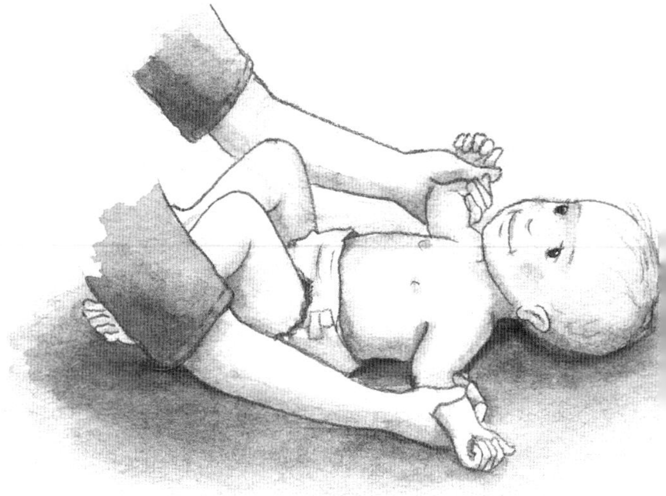

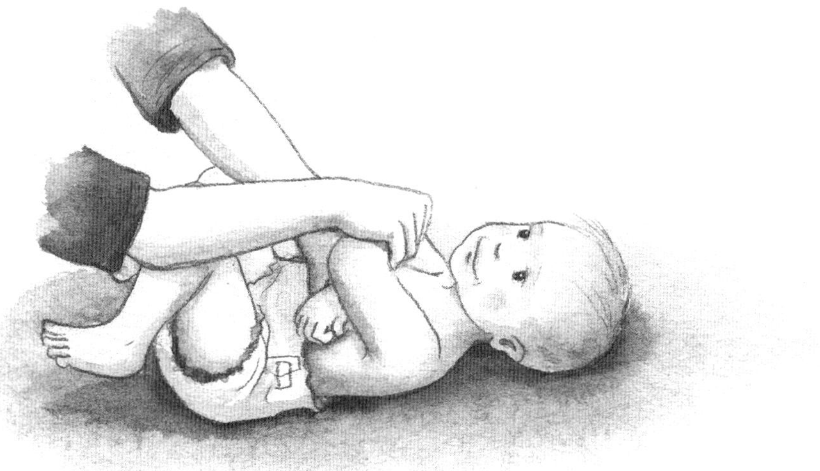

## Tipp mit deinem linken Fuß

Tipp mit deinem linken Fuß
an dein rechtes Ohr heran,
auf die Nase, auf die Wange,
und jetzt kommt der and're dran.

Tipp mit deinem rechten Fuß
an dein linkes Ohr heran,
auf die Nase, auf die Wange;
was dein Fuß so alles kann!

### Spielanregung

Setzen Sie die Anregungen des Textes mit dem Kind entsprechend um.

## Käsebrot

Kleine Rückenmassage

| | |
|---|---|
| Zuerst wird Brot geschnitten<br>auf deinem kleinen Rücken. | mit den Handkanten auf dem Rücken des Kindes imaginär Brot schneiden |
| Dann nehm' ich meine flache Hand<br>und schmier' die Butter ganz galant. | mit der flachen Hand den Rücken streicheln |
| Drauf leg' ich viele Käsescheiben,<br>die auf der Butter liegen bleiben. | die flache Hand auf verschiedene Stellen des Rückens drücken |
| Und dann kommt auch noch zuhauf<br>Petersilie oben drauf. | mit den Fingern über den Rücken tippeln |
| Am Ende bin ich ganz versessen,<br>alles einfach aufzuessen. | das Kind mit der Nase und den Händen kitzeln |

## Fahrradtraining Nr. 11

| | |
|---|---|
| Wir radeln los und radeln schnell,<br>wir radeln ganz sensationell. | mit den Beinen des Kindes Radfahren, erst langsam, dann schnell |
| Erst strampeln wir den Berg hinauf,<br>und dann beginnt der Abfahrtslauf. | langsam und „mit Mühe" radeln<br>wieder schneller werden |

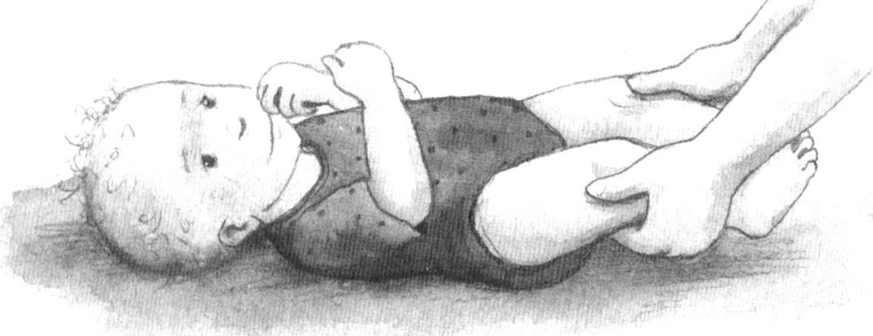 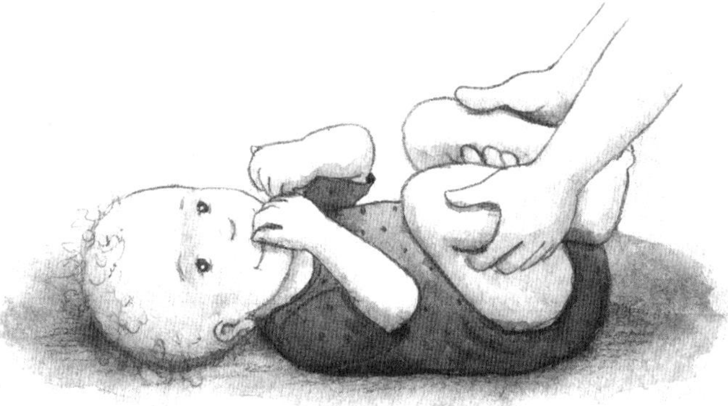

## Beinchen beugen, Beinchen strecken

| | |
|---|---|
| Beinchen beugen, Beinchen strecken, | beide Beine gleichzeitig sanft zum Bauch drücken |
| so kannst du die Knie wecken. | und wieder strecken |
| Einmal, zweimal, dreimal, vier, | die Bewegung 4 × wiederholen |
| dann sagen sie „Hallo“ zu dir. | Kind am Hals kitzeln |

## Eine kleine freche Maus

| | |
|---|---|
| Eine kleine freche Maus<br>tippelt um ihr Mäusehaus. | mit allen Fingern um den Bauchnabel des Kindes herum tippeln |
| Sie sucht und findet leck'ren Speck,<br>kaum hat sie ihn, so rennt sie weg. | auf dem ganzen Körper des Kindes tippeln, kurze Pause, dann den Bauchnabel berühren und die Hände hinter dem Rücken verstecken. |

# Drehen, Fliegen, Schweben, Schaukeln

## Lebendige Lieder zum Tanzen und Schreiten

Dieses Kapitel enthält Lieder und Verse, deren Umsetzung das Spüren von Luftzügen und Geschwindigkeiten sowie erste Auseinandersetzungen mit dem Gefühl der Schwerkraft ermöglichen. Neben sozialen und weiteren Sinneserfahrungen wird dadurch hauptsächlich die Entwicklung des Gleichgewichtssinns der Kinder gefördert. Der Gleichgewichtssinn ist maßgeblich für die Körperhaltung verantwortlich. Er ist auf eine gute Raumorientierung angewiesen und muss vor allem jederzeit wissen, wo oben und unten, vorne und hinten sowie rechts und links sind. Dies bedeutet, dass die Kinder Fortbewegungen in unterschiedlichen Körperpositionen im Raum kennen lernen müssen. Im Babyalter bietet sich hierfür sowohl das waagerechte Fliegen über den Köpfen oder das Schweben in Brusthöhe an, als auch Wiege- und Schaukelbewegungen in großen Tüchern oder auf Pezzibällen.

Auch das Gefühl, das entsteht, wenn Sie sich mit dem Kind auf dem Arm ganz schnell um die eigene Achse drehen, stimuliert die vestibuläre Wahrnehmung. Denn es ist der Gleichgewichtssinn, mit dem das Kind Drehbewegungen und deren Beschleunigung wahrnimmt und weiterleitet.

Nicht zuletzt fördert auch lebendiges Tanzen durch das Zimmer die Raumorientierung und das Gleichgewicht, ganz abgesehen von der körperlich spürbaren Freude am gemeinsamen Spiel, die zu jeder Zeit Vorrang haben sollte. Darüber hinaus empfinden die Kinder beim Tanzen Leichtigkeit sowie Takt und Rhythmus und bilden ein Gefühl für unterschiedliche musikalische Formen aus. Daher finden Sie hier auch einige neue lebendige Lieder, die Sie zum Tanzen, Drehen und Schreiten durch den Raum animieren möchten.

## Wir tanzen

Text & Melodie: Elke Gulden & Bettina Scheer

Wir tanzen, wir tanzen,
wir tanzen durch den Raum.
Wir tanzen, wir tanzen
so schön, man glaubt es kaum.

mit dem Kind auf dem Arm beschwingt durch den Raum tanzen

Jetzt drehen wir uns schnell herum,
dum di di dum di di dum,

sich schnell um die eigene Achse drehen

wir drehen uns um uns herum,
dum di di dum di di dum.

Richtungswechsel

## Dreh dich mit dem Wind! Nr. 17

Text: Elke Gulden & Bettina Scheer
Melodie: Ralf Kiwit

1. Der Pustewind, der Pustewind,
der ist ein freches Kind,
er pustet, pustet immerzu,
und gibt gar keine Ruh.

Refrain
Dreh dich, dreh dich,
dreh dich mit dem Wind,
dreh dich, dreh dich,
dreh dich ganz geschwind! (2 ×)

2. Der Wirbelwind, der Wirbelwind,
der ist ein freches Kind,
er wirbelt, wirbelt immerzu,
und gibt gar keine Ruh.

Dreh dich, dreh dich …

3. Der Sausewind, der Sausewind,
der ist ein freches Kind,
er saust und saust ja immerzu,
und gibt gar keine Ruh.

Dreh dich, dreh dich …

### Spielanregung

Nehmen Sie das Kind auf den Arm – dabei gegebenenfalls sein Köpfchen halten – und bewegen Sie sich mit ihm durch den Raum.

1. Strophe: Pusten Sie sanft über die Hand des Kindes.
2. Strophe: Pusten Sie etwas stärker in Kreisbewegungen über die Hand und den Arm.
3. Strophe: Pusten Sie über Hand, Arm und Hals des Kindes.
Refrain: Drehen Sie sich schnell um die eigene Achse.

## Der kleine Kreisel

Text & Melodie: Elke Gulden & Bettina Scheer

Kleiner Kreisel flink und keck,
drehst dich schnell auf einem Fleck.

das Kind auf dem Arm tragend sich am Platz um die eigene Achse drehen

Doch ist der Schwung dann mal vorbei,
mach 'ne Pause, zähl bis drei: 1, 2, 3.

stehen bleiben
laut bis 3 zählen

## Der Teddybär, der Teddybär

Der Teddybär, der Teddybär
dreht sich im Kreis ganz wild umher.

sich mit dem Kind auf dem Arm schnell um die eigene Achse drehen

Er hebt das rechte Bein zum Tanz,

das rechte Bein heben, den Körper dabei stark nach links bewegen

er hebt das linke Bein zum Tanz.

das linke Bein heben, den Körper dabei stark nach rechts bewegen

Nun springt er hoch, so hoch er kann,
dann fängt das Spiel von vorne an.

das Kind langsam nach oben heben und dann schnell hinunter gleiten lassen

## Suseladu Nr. 4

Text & Melodie: Elke Gulden & Bettina Scheer

**Material:** evtl. 1 Tuch; evtl. 1 Schwungtuch

1. Susela, susela, suseladu,
flüstert der Wind den Bäumen zu.
Susela, susela, suseladu,
raschelt das Laub ganz leise dazu.
Suuuu sususu, susela, suseladu.

2. Susela, susela, suseladu,
singen wir alle dem Wind leise zu.
Susela, susela, suseladu,
spielen die Rasseln im Rhythmus dazu.
Suuuu sususu, susela, suseladu.

### Spielanregung

Nehmen Sie das Kind auf den Arm und schaukeln Sie stehend im Takt hin und her. Bei der Wiederholung tanzen Sie im Walzerschritt durch den Raum: tief – hoch – hoch, d.h. der erste Schritt wird im gebeugten Knie gesetzt, die Schritte 2 und 3 im Zehenballenstand.

### Variante mit Tuch

Das Lied kann auch mit Tüchern umgesetzt werden. Legen Sie das Kind auf den Rücken und umspielen Sie es mit einem weichen Tuch, das im Wind tanzt.

### Variante mit Schwungtuch

Eine weitere Variante besteht in der Umsetzung mit einem Schwungtuch, das Sie an den Enden zusammenrollen und mit noch einem Erwachsenen halten. Legen Sie das Kind in die Mitte des Tuches und schaukeln Sie es sanft zur Melodie hin und her.

## Die Zi-Za-Zauberfee Nr. 13

Text: Elke Gulden & Bettina Scheer
Melodie: Ralf Kiwit

Refrain
Die Zi-Za-Zauberfee
geht wieder durchs Land.
Sie zi-za-zaubert jetzt
Dinge interessant:

1. Die Tasse wird zum Karussell
und dreht sich superschnell.
Der Unterteller dreht sich mit,
die beiden sind sehr fit.

Die Zi-Za-Zauberfee …

2. Der Kochtopf wird zum Flugobjekt
mit tollem Lichteffekt.
Die Suppensterne fliegen schnell im Zickzack leuchtend hell.

Die Zi-Za-Zauberfee …

3. Die Gabeln sind auch sehr gut drauf,
fordern zum Tanzen auf.
Spaghettinudeln schlängeln hin
und tanzen mittendrin.

Die Zi-Za-Zauberfee …

4. Die Stühle hat's nun auch gepackt,
bewegen sich im Takt.
Da knallt im Haus 'ne Türe zu
und dann herrscht plötzlich Ruh.

## Spielanregung

Refrain: Schreiten Sie mit dem Kind auf dem Arm durch den Raum und heben und senken Sie es dabei.
1. Strophe: Drehen Sie sich schnell um die eigene Achse.
2. Strophe: Legen Sie das Kind auf den Unterarm und laufen Sie durch den Raum.
3. Strophe: Tanzen Sie durch den Raum.

## Langsam und schnell

Text & Melodie: Elke Gulden & Bettina Scheer

1. Langsam fährt mein Auto um die Ecke,
langsam, langsam, wie 'ne lahme Schnecke.
Doch wenn es mag, braust es blitzeschnell.
Dieser Wechsel ist sensationell.

2. Langsam fährt mein Dreirad um die Ecke, …

3. Langsam fährt die Kutsche um die Ecke, …

## Spielanregung

Gehen Sie mit dem Kind auf dem Arm langsam durch den Raum und fangen Sie ganz plötzlich an zu rennen.

## Jahreszeitenlied Nr. 6

Text & Melodie: Elke Gulden & Bettina Scheer

1. Geschwind, geschwind, geschwind
weht der Frühlingswind.
Er trägt die Pollen über's Feld,
jede bleibt, wo's ihr gefällt.

hm hm hm hm hm …

2. Geschwind, geschwind, geschwind
weht der Sommerwind.
Er trägt die Blüten über's Feld,
jede bleibt, wo's ihr gefällt.

hm hm hm hm hm …

3. Geschwind, geschwind, geschwind
weht der Herbstwind.
Er trägt die Blätter über's Feld,
jedes bleibt, wo's ihm gefällt.

hm hm hm hm hm …

4. Geschwind, geschwind, geschwind
weht der Winterwind.
Er trägt die Flocken über's Feld,
jede bleibt, wo's ihr gefällt.

hm hm hm hm hm …

### Spielanregung

Tanzen Sie mit dem Kind auf dem Arm durch den Raum. Summen Sie zwischen den Strophen die Melodie und schwingen dabei am Platz sanft hin und her.

## Was kann das sein?

1. Da fliegt etwas, was kann das sein?
Ein Düsenjet fliegt ganz allein.

das Kind in der Fliegerposition durch den Raum bewegen

2. Da dreht sich was, was kann das sein?
Ein Karussell dreht sich allein.

sich mit dem Kind um die eigene Achse drehen

3. Da wippt etwas, was kann das sein?
Ein Schaukelpferd wippt ganz allein.

das Kind vor dem Körper wippen

4. Da tanzt etwas, was kann das sein?
Ein Teddybär tanzt ganz allein.

mit dem Kind durch den Raum tanzen

5. Da flitzt etwas, was kann das sein?
Ein Rennauto flitzt ganz allein.

mit dem Kind durch den Raum flitzen

## Kleiner Schmusebär Nr. 20

Text & Melodie: Elke Gulden & Bettina Scheer

| | |
|---|---|
| 1. Ich trag' dich hin, ich trag' dich her,<br>denn du bist mein kleiner Schmusebär.<br>Ich trag' dich hin, ich trag' dich her,<br>denn du bist mein Schmusebär. | mit dem Kind auf dem Arm durch den Raum gehen |
| Refrain | |
| Ich dreh' mich mit dir im Kreise,<br>singe laut und tänzel leise. | sich um die eigene Achse drehen |
| Ich trag' dich hin, ich trag' dich her,<br>denn du bist mein Schmusebär. | durch den Raum gehen |
| 2. Wir schaukeln hin, wir schaukeln her, … | am Platz hin und her schaukeln |
| Ich dreh' mich mit dir im Kreise, … | sich um die eigene Achse drehen |
| Wir schaukeln hin, wir schaukeln her,<br>denn du bist mein Schmusebär. | am Platz hin und her schaukeln |
| 3. Wir tanzen hin, wir tanzen her, … | durch den Raum tanzen |
| Ich dreh' mich mit dir im Kreise, … | sich um die eigene Achse drehen |
| Wir tanzen hin, wir tanzen her,<br>denn du bist mein Schmusebär. | durch den Raum tanzen |

## Im Schwungtuch

Text & Melodie: Elke Gulden & Bettina Scheer

**Material:** 1 Schwungtuch

Lisa ist jetzt zu Besuch,
liegt in unserm großen Tuch.
Wir schwingen das Tuch hin und her,
das mag auch unsre Lisa sehr.
hm hm hm hm hm …

### Spielanregung

Ein Kind legt sich auf das Schwungtuch, dessen Enden zusammengerollt werden, und das von jeweils einem Erwachsenen gehalten und geschaukelt wird.

## Blätter schaukeln an den Zweigen

**Material:** 1 weiche Matte

Fassen Sie das Kind unter den Schultern und heben Sie es über einer weichen Matte ein wenig hoch, so dass seine Füße den Boden nicht mehr berühren.

| | |
|---|---|
| Blätter schaukeln an den Zweigen,<br>woll'n sich in der Luft verneigen. | das Kind leicht nach rechts und links schaukeln |
| Da kommt ein starker Wirbelwind | über die Haare des Kindes pusten |
| und reißt das Laub vom Baum geschwind. | das Kind auf die Matte legen |
| Und der Wind wird weiter blasen, | über die Haare pusten |
| die Blätter tanzen auf dem Rasen. | das Kind kitzeln |

### Variante

Schaukeln Sie das Kind vorwärts und rückwärts durch ihre gegrätschten Beine.

## Wind, Wind, wehe

Text & Melodie: Elke Gulden & Bettina Scheer

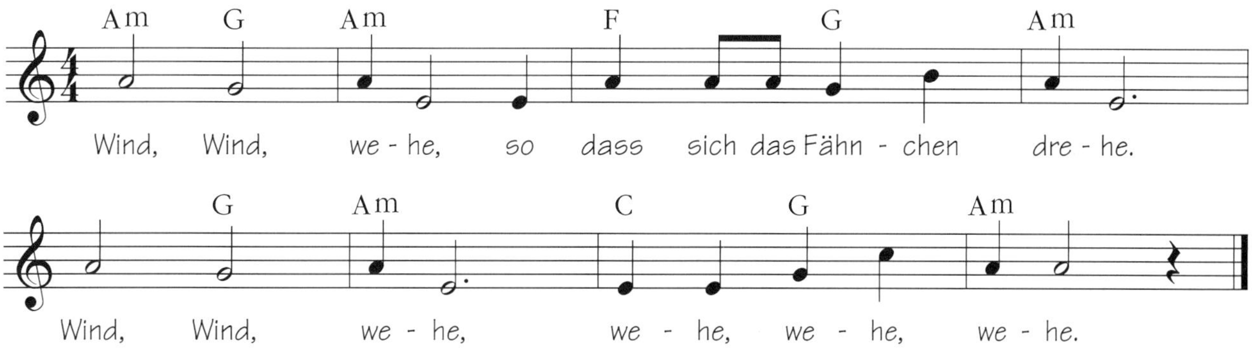


**Material:** weiche Matten, 1 Schwungtuch, evtl. 1 Tuch oder 1 Fächer

Wind, Wind, wehe,
so dass sich das Fähnchen drehe.
Wind, Wind, wehe,
wehe, wehe, wehe.

### Spielanregung

Die Kinder liegen auf weichen Matten auf dem Boden. Über ihnen wird das Schwungtuch bewegt. Die Erwachsenen oder mehrere Kinder bewegen das Schwungtuch auf und ab und gehen dabei im Kreis.

### Variante

Das Spiel kann auch mit nur einem Kind gespielt werden. Hierbei wird dann entweder ein Tuch oder, wenn vorhanden, ein Fächer, benutzt, der dem Kind Luft zufächelt.

## Bunte Blumen

Text & Melodie: Elke Gulden & Bettina Scheer

**Material:** 1 Schwungtuch

Bunte Blumen aller Arten
blüh'n in meinem Garten.
Machen sich bei Regen klein,
öffnen sich bei Sonnenschein,
wiegen sich im Frühlingswind,
sieh doch nur, wie schön sie sind.

### Spielanregung

Ein Kind setzt sich auf die Mitte des Tuches. Setzen Sie sich mit allen Kindern um das Tuch herum und bewegen Sie es leicht auf und ab.

### Hinweis

Es kann passieren, dass ein Kind während des Liedes wieder vom Tuch herunterkrabbelt, denn nicht jedem gefällt das Gefühl, in der Mitte zu sitzen und die Aufmerksamkeit der Gruppe auf sich gelenkt zu wissen.

### Variante

Sie können das Lied auch mit einfachen Bewegungen begleiten.

1. + 2. Zeile: gerade sitzen
3. Zeile: sich klein machen
4. Zeile: Rücken strecken, Arme nach oben nehmen
5. + 6. Zeile: sich seitwärts hin und her wiegen

## Blumenwalzer Nr. 10

Text: Elke Gulden & Bettina Scheer
Melodie: Ralf Kiwit

1. Der Frühling zieht im Garten ein,
die Blümchen sind noch klitzeklein.
Über die Wiese weht ein Wind
und der Tanz beginnt.

mit dem Kind auf dem Arm hin und her schaukeln
über das Köpfchen des Kindes pusten

Refrain
Blumen tanzen im Walzerschritt,
Gänseblümchen machen mit.
So verteilt sich in der Luft
ein traumhaft süßer Blumenduft.

im Walzerschritt durch den Raum tanzen

2. Krokus und Vergissmeinnicht,
sie drehen sich im Sonnenlicht.
Hör: der gelbe Löwenzahn
singt dazu im hellen Sopran.

hin und her schaukeln

Blumen tanzen im Walzerschritt,
Gänseblümchen machen mit.
So verteilt sich in der Luft
ein traumhaft süßer Blumenduft.

im Walzerschritt durch den Raum tanzen

## Drachenflug

Text & Melodie: Elke Gulden & Bettina Scheer

| | |
|---|---|
| Ein kleiner Drachen fliegt am Himmelszelt.<br>Er zieht mit den Wolken um die Welt. | das Kind mit dem Bauch parallel zum Boden durch den Raum fliegen lassen |
| Da kommt ein Windstoß, ooh – er stürzt ab,<br>doch er kann sich retten, puuh – das war knapp. | das Kind in Schieflage zuerst nach unten und dann wieder nach oben fliegen lassen |

## Karussellfahrt

Text & Melodie: Elke Gulden & Bettina Scheer

**Material:** evtl. 1 Decke

Mein kleines Karussell
dreht sich mal langsam und mal schnell.
Im Kreis dreht's sich die ganze Zeit,
mag die Geschwindigkeit.

### Spielanregung

Halten Sie das Kind auf dem Arm und drehen Sie sich erst langsam und dann schnell um die eigene Achse.

### Variante für ältere Kinder

Sie können ältere Kinder auch von vorne unter den Schultern greifen. Drehen Sie sich dann mit ausgestreckten Armen um die eigene Achse.

### Variante mit Decke

Setzen Sie das Kind bei glattem Boden auf eine Wolldecke und drehen Sie es. Halten Sie dabei die vier Enden der Decke oben zusammen.

## Zusammen und auseinander

Text & Melodie: Elke Gulden & Bettina Scheer

**Material:** 1 langes Hosengummi oder 1 Zauberschnur; evtl. bunter Stoff
**Vorbereitung:** Verknoten Sie Hosengummi oder Zauberschnur zu einem Kreis.

Die Kinder umfassen das Gummi und stellen sich in einem Kreis auf.

| | |
|---|---|
| Unser Kreis wird jetzt klein,<br>wir wollen dicht beisammen sein. | soweit wie möglich in die Kreismitte gehen |
| Und jetzt wird er wieder groß,<br>das ist ja famos. | rückwärts soweit wie möglich nach außen gehen |

### Hinweis

Wichtig ist, dass bei diesem Spiel eine Gummischnur zum Einsatz kommt, durch die die Kinder die Spannung und Entspannung derselben in den Händen fühlen können.

### Variante

Sie können das Spiel auch im Sitzen zu zweit spielen, indem Sie sich dem Kind gegenübersetzen und ein kleines Gummi festhalten. Straffen Sie dabei das Gummi und lösen Sie danach auch wieder seine Spannung.

### Tipp

Wenn Sie aus einem hübschen bunten Stoff einen langen Schlauch nähen, das Hosengummi einziehen und die beiden Schlauchenden zusammennähen, macht das Festhalten gleich noch mal so viel Spaß. Jüngeren Kindern fällt es meist leichter, ein Material anzufassen und festzuhalten, als zwei anderen Kindern die Hände zu geben.

# Komm, lass uns zusammen träumen

## Ruhige Schlaf- und Kuschellieder

Das Gegenüber von Bewegung ist Ruhe, die einen ebenso großen Stellenwert im Leben einnimmt. Sie ist der Ausgleich zu den aktiven Phasen. In Ruhephasen können sich Körper, Geist und Seele erholen und neue Kräfte sammeln.

Ruhe bedeutet einerseits äußere Stille. Es ist wichtig, dass Kinder diese als angenehm und nicht etwa als etwas Beängstigendes empfinden. Andererseits bedeutet Ruhe aber auch, in sich selbst zu ruhen. Nur wenn die äußere Ruhe positiv besetzt ist, kann sich überhaupt erst innere Ruhe einstellen.

Manchmal ist es einfach, Kinder zur Ruhe zu bringen, z.B. wenn sie körperlich oder geistig sehr müde sind. Dann sitzen sie ruhig auf dem Schoß und genießen die körperliche Wärme oder gar eine leichte Wiegebewegung. Manches Mal ist es aber auch eine kleine Herausforderung, Ruhe einkehren zu lassen, insbesondere wenn die Kleinen zwar müde, aber immer noch sehr aufgedreht sind. Ruhe-, Schlaf- und Trostlieder können hier helfen. In Ihrem Arm liegend und von Ihnen gesungen oder gesummt, verbreiten sie ein Gefühl der Geborgenheit und Sicherheit.

## Komm, lass uns zusammen träumen Nr. 9

Text & Melodie: Elke Gulden & Bettina Scheer

1. Komm, lass uns zusammen träumen,
komm und setz dich zu mir her.
Träum von bunten Blumenwiesen,
stell dir vor, wie schön sie sind,
stell dir vor, wie schön sie sind.

2. Komm, lass uns zusammen träumen,
komm und setz dich zu mir her.
Träum von bunten Seifenblasen,
stell dir vor, wie schön sie sind,
stell dir vor, wie schön sie sind.

3. Komm, lass uns zusammen träumen,
komm und setz dich zu mir her.
Träum von weichen, weißen Federn,
stell dir vor, wie schön sie sind,
stell dir vor, wie schön sie sind.

## Von Sternen, Mond und Sonne

Text & Melodie: Elke Gulden & Bettina Scheer

1. Sterne am Himmelszelt leuchten so hell,
leuchten bei dir, leuchten bei mir, sind überall.
Leuchten bei dir, leuchten bei mir, sind überall.

2. Und auch der gelbe Mond kommt schon hervor,
scheint hell für dich, scheint hell für mich, scheint überall.
Scheint hell für dich, scheint hell für mich, scheint überall.

3. Sonne am Himmelszelt strahlt so schön warm,
strahlt heut für dich, strahlt heut für mich, strahlt überall.
Strahlt heut für dich, strahlt heut für mich, strahlt überall.

4. Wolken am Himmelszelt ziehen vorbei,
ziehen bei dir, ziehen bei mir, sind überall.
Ziehen bei dir, ziehen bei mir, sind überall.

## Engel Nr. 24

Text: Elke Gulden & Bettina Scheer
Melodie: Ralf Kiwit

1. Engel fliegen übers Land,
halten dabei ihre Hand
über dich und über mich,
sind zu uns ganz fürsorglich.

2. Engel fliegen durch die Räume,
bringen wunderschöne Träume,
mal für dich, mal für mich,
sind zu uns ganz fürsorglich.

3. Engel fliegen immer wieder,
singen dabei schöne Lieder,
mal für dich, mal für mich,
sind zu uns ganz fürsorglich.

## Am Himmel wohnt der Mond

Nr. 28

Text: Elke Gulden & Bettina Scheer
Melodie: Ralf Kiwit

1. Weißt du, wer am Himmel wohnt?
Nachts ist das der goldne Mond.
Steht am Himmel in der Ferne
und gibt Acht auf seine Sterne.
Leuchtet ganz mucksmäuschenstill,
weil ein jedes Kind schlafen will.

2. Weißt du, wer am Himmel wohnt?
Nachts ist das der goldne Mond.
Lässt uns träumen, wenn wir schlafen,
von so manchem, den wir trafen.
Leuchtet ganz mucksmäuschenstill,
weil ein jedes Kind schlafen will.

3. Weißt du, wer am Himmel wohnt?
Nachts ist das der goldne Mond.
Glänzt sehr hell und überwacht
all die Kinder in der Nacht.
Leuchtet ganz mucksmäuschenstill,
weil ein jedes Kind schlafen will.

## Ich schenk dir einen schönen Traum Nr. 14

Text: Elke Gulden & Bettina Scheer
Melodie: Ralf Kiwit

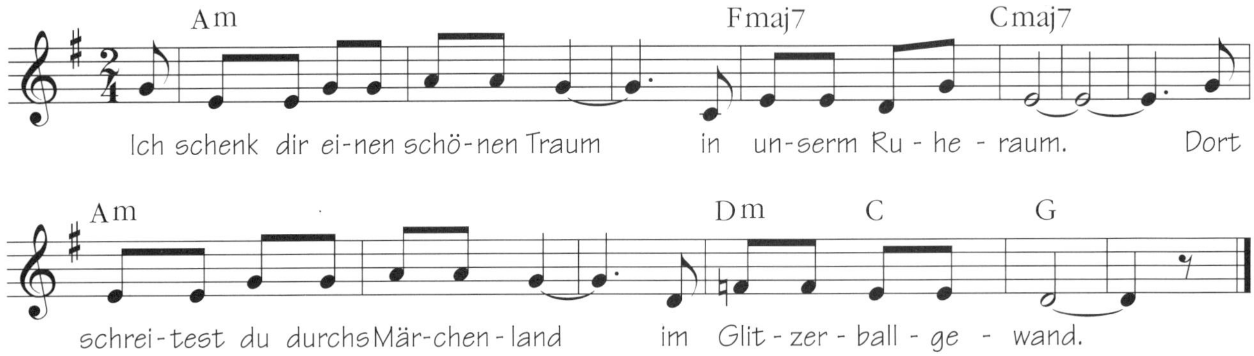


1. Ich schenk dir einen schönen Traum
in unserm Ruheraum.
Dort schreitest du durchs Märchenland
im Glitzerballgewand.

2. Ich schenk dir einen schönen Traum
in unserm Ruheraum.
Dort schwebst du mit den Seifenblasen
über grünen Rasen.

3. Ich schenk dir einen schönen Traum
in unserm Ruheraum.
Dort siehst du viele Sternschnuppen
auf schneebedeckten Kuppen.

4. Ich schenk dir einen schönen Traum
in unserm Ruheraum.
Dort reitest du auf einem Pferd
und bist ganz unbeschwert.

# Mein Kuscheltier Nr. 27

Text: Elke Gulden & Bettina Scheer
Melodie: Ralf Kiwit

Refrain
Ich kuschel mit meinem Kuscheltier,
denn es hält jeden Tag zu mir.

1. Und wenn ich mal müde bin,
so legt es sich dann zu mir hin.
Es kuschelt sich in meinen Arm
und um mein Herz wird's mir gleich ganz warm.

2. Auch wenn ich manchmal traurig bin,
dann kuschelt es sich an mich hin.
Es tröstet mich und muntert mich auf,
dann bin ich wieder ganz gut drauf.

Ich kuschel mit meinem Kuscheltier …

3. Und wenn ich in den Urlaub fahr',
dann kommt es mit – das ist doch klar.
Es kuschelt sich fest an mich hin,
damit ich nicht alleine bin.

4. Auch wenn ich manchmal sauer bin,
dann kuschelt es sich an mich hin.
Ich sag' ihm, was mich ganz arg stört,
und freu mich, dass es mir zuhört.

Ich kuschel mit meinem Kuscheltier …

Gesprochen:
Mein Kuscheltier ist wirklich mein allerbester Freund.

## Fühlst du dich einmal allein

Text & Melodie: Elke Gulden & Bettina Scheer

1. Fühlst du dich einmal allein,
dann komm in meinen Arm hinein.
Jetzt spürst du, wir sind zu zweit,
weg ist deine Einsamkeit.

2. Schaukeln wir dann hin und her,
das gefällt uns beiden sehr.
Jetzt spürst du, wir sind zu zweit,
weg ist deine Einsamkeit.

### Spielanregung

Nehmen Sie das Kind in den Arm tund wiegen Sie sich sanft hin und her.

## Kuschelnest

Text & Melodie: Elke Gulden & Bettina Scheer

1. Ich halt dich, ich halt dich,
ich halt dich ganz fest,
dann leg ich dich, dann leg ich dich
in dein Kuschelnest.

2. Ich drück dich, ich drück dich,
ich drück dich ganz fest,
dann leg ich dich, dann leg ich dich
in dein Kuschelnest.

3. Ich küss dich, ich küss dich,
ich küss dich ganz fest,
dann leg ich dich, dann leg ich dich
in dein Kuschelnest.

# Anhang

## Alphabetisches Lieder- und Versverzeichnis

♪ Lied
👄 Vers

# Buchtipps

**Lise Eliot,** Was geht da drinnen vor?, Berlin Verlag 2002

**Elke Gulden/Bettina Scheer,** Singzwerge & Krabbelmäuse, Buch und CD, Ökotopia Verlag 2004

**Elke Gulden/Bettina Scheer,** Jetzt ist Krippen-Spielkreiszeit!, Buch und CD, Ökotopia Verlag 2011

**Petra Hirscher/Thordis Zwartjes,** Wohltuende Babymassage, Knaur Verlag 2007

**Remo H. Largo,** Babyjahre, Piper, 6. Auflage 2010

**Barbara Zukunft-Huber,** Baby-Gymnastik: So unterstützen Sie Ihr Kind, Trias, 6. Auflage 2009

# Die Autorinnen

**Elke Gulden** ist staatlich geprüfte Gymnastiklehrerin, Tanzpädagogin und Yogalehrerin, leitet Fortbildungen zur musikalischen Früherziehung, kreativen Bewegungserziehung und Kindertanz für ErzieherInnen und Lehrkräfte im In- und Ausland. Fortbildungsangebot unter www.elke-gulden.de. Die Autorin lebt in Stuttgart.

**Bettina Scheer,** Studium der Grundschulpädagogik, gibt Fortbildungen für pädagogische Fachkräfte zur kindlichen Sinnesentwicklung und ganzheitlichen musikalischen Früherziehung. Die Autorin lebt in der Nähe von Saarbrücken.

Veröffentlichungen der Autorinnen im Ökotopia Verlag:

- **Jetzt ist Krippen-Spielkreiszeit!**
  Gestaltung regelmäßiger Spielkreise für Krippenkinder im Jahreslauf mit altersgerechten Liedern, Versen, Finger- und Rhythmusspielen
- **Musik-Spiel-Reise ins Geschichtenland**
  Kinder erleben kunterbunte Geschichten in Liedern, Klängen, Reimen, Spielen, Tänzen und Kreativaktionen
- **Singzwerge & Krabbelmäuse**
  Frühkindliche Entwicklung musikalisch fördern mit Liedern, Reimen, Bewegungs- und Tanzspielen für zu Hause, für Eltern-Kind-Gruppen, Musikgarten und Krippen

# Die Illustratorin

**Jutta Knipping** lebt mit ihren zwei Kindern, ihrem Mann und ihrem Kater in der Nähe von Osnabrück. Nach ihrer Ausbildung zur Druckvorlagenherstellerin studierte sie visuelle Kommunikation in Münster und erhielt schon während des Studiums erste Aufträge. Ihre Lieblingszeit verbringt sie turbulent mit den Kindern oder in ihrem Garten bei der Pflege ihres Gemüsebeets samt Gewächshaus. Seit 1996 illustriert sie zahlreiche Kinderbücher.

Veröffentlichungen der Illustratorin im Ökotopia Verlag:

- **Das Buch von der Zeit**
  Kinder erleben und lernen spielerisch alles über die Zeit
- **Kinder brauchen Musik, Spiel und Tanz**
  Bewegt-musikalische Spiele, Lieder und Spielgeschichten für kleine und große Kinder
- **Mit Kindern in den Wald**
  Wald-Erlebnis-Handbuch – Planung, Organisation und Gestaltung
- **Spiel doch mit den Schmuddelkindern**
  Matschen, Schmieren, Spielen und Gestalten mit verschiedenen Materialien

## Kinder begeistern ...
### mit Liedern, Tänzen und Geschichten aus dem Ökotopia Verlag

**Kinder einer Welt**

**Die schönsten Kinderlieder aus aller Welt**

Eine musikalische Weltreise für Groß und Klein! Landestypische Instrumente, vielfältige Rhythmen und ungewohnte Melodien führen akustisch auf die Spuren anderer Kulturen und wecken auf spielerische Weise kindlichen Entdeckergeist.

ISBN (CD): 978-3-936286-91-5

**Kinder kommen zur Ruhe**

**Die schönsten Melodien zum Entspannen, Einschlafen und Träumen**

Entspannungsmusiken für Kinder stimmig zusammengestellt. Sie sind fast alle instrumental produziert, können also einfach zur Ruhe gehört werden. Eine Anleitung im Booklet gibt zusätzliche Anregungen.

ISBN (CD) 978-3-936286-92-2

**Kinder kommen in Bewegung**

**Die schönsten Lieder zum Toben, Tanzen und Bewegen**

Eine bunte Zusammenstellung der schönsten Bewegungslieder. Nicht nur in Kita und Grundschule, sondern auch im Kinderzimmer darf laut gesungen, wild getanzt, gehüpft und gesprungen werden!

ISBN (CD): 978-3-86702-009-1

**Kinder kommen in Stimmung**

**Die schönsten Lieder zum Feiern, Bewegen und Ausgelassensein**

Eine beschwingte Sammlung von Partyknüllern: Lieder, die schnell mitgesungen werden, Lieder zu bestimmten Anlässen, Spiellieder oder Lieder zum Tanzen, sich Bewegen und Rappen und viele mehr.

ISBN (CD): 978-3-86702-024-4

**Lieder für kleine Kinder**

**Die schönsten Lieder für die Kleinsten**

Eine wunderschöne Zusammenstellung für jeden Anlass. Einfache Texte und kindgerechte Arrangements motivieren die Kleinsten zum Mitmachen und Bewegen.

ISBN (CD) 978-3-86702-091-6

**Adventszeit im Stuhlkreis**

**Die schönsten Kinderlieder zur Weihnachtszeit**

Für die CD wurden die schönsten Adventslieder verschiedener Ökotopia-Produktionen ausgewählt.

ISBN (CD) 978-3-86702-162-3

Und dazu das Buch **Im Stuhlkreis die Adventszeit erleben**

ISBN (Buch) 978-3-86702-159-3

CD ... und dazu die CD von Ralf Kiwit · Elke Gulden · Bettina Scheer

# Schaukelmaus & Kuschelkater

## Lieder für die Kleinsten zum Fühlen und Spüren, Singen und Tanzen, Kuscheln und Träumen

Wer die Lieder und Verse der CD „Schaukelmaus & Kuschelkater“ hört, wünscht sich sofort in die eigene Kindheit zurück: Wieder in den Kindergarten gehen, noch einmal in der Kuschelecke träumen, die Lieder laut mitsingen und sich dazu unbeschwert im Kreise drehen.

Die CD stellt eine tolle Entdeckungsreise für die Kleinsten dar: Fühlen, spüren und wahrnehmen sind ihre zentralen Themen. Und da gibt es wahrlich viel aufzuspüren: von der Zauberfee und den Badeschaumgeistern über Icy-Ice, den Eiswürfel, bis hin zum eigenen Körper. Schwungvolle Lieder laden zum Mitsingen und Bewegen ein: Es wird geflogen, geschaukelt, geradelt, durch den Wald geritten und natürlich viel getanzt. Wenn wir müde sind, kuscheln wir uns zusammen und träumen zu den schönen Ruheliedern. Abgerundet wird die CD durch kleine Verse zwischen den Liedern.

Das bewährte Trio Kiwit-Gulden-Scheer hat die CD wieder einmal mit Liebe und Sorgfalt produziert. Die bewusst einfach gehaltenen Melodien werden von authentischen Stimmen gesungen. Die Instrumentierung bleibt zart, durchsichtig und wirkt nie überladen. Die natürlich klingende CD ist wie eine kleine Insel im Sumpf vieler Musikproduktionen für Kinder.

ISBN 978-3-86702-169-2